Musa Pedestris

Drei Jahrhunderte von Singliedern und Umgangssprachen [1536 - 1896]

John Stephen Farmer

Writat

Diese Ausgabe erschien im Jahr 2024

ISBN: 9789359940007

Herausgegeben von
Writat
E-Mail: info@writat.com

Inhalt

VORWORTE

Als Harrison Ainsworth in seinem Vorwort zu *Rookwood* behauptete, er sei „der erste, der ein reines Flash-Lied geschrieben hat", lag er damit weit daneben. Tatsächlich war „Nix my doll, pals, fake away!" in seiner Behandlung der scheinheiligen Ausdrucksweise fast drei Jahrhunderte vorweggenommen worden, und zwar von Autoren, deren Namen in anderer Hinsicht in der englischen Literatur einen hohen Stellenwert haben.

Der Fehler war jedoch nicht ganz unverzeihlich; nur wenige hätten tatsächlich vermutet, dass der Anschein völliger Vernachlässigung, der die Verwendung von Fachjargon und Slang in englischen Liedern, Balladen oder Versen umgab – ungeachtet ihres reichen und schwungvollen Charakters – alles andere als oberflächlich war. Das *Chanson d'argot* aus Frankreich und die *Romance di Germania* aus Spanien, ganz zu schweigen von anderen Formen der MUSA PEDESTRIS, waren lange Zeit in der Bevölkerung vorherrschend, aber allem Anschein nach gab es jenseits des Silberstreifens nichts, was ihnen entsprach.

Es muss jedoch zugegeben werden, dass das Feld der englischen Slang-Verse und Canting-Songs zwar nicht ganz unfruchtbar ist, aber dennoch wenig Anspruch auf die idiomatische und plastische Behandlung hat, die in vielen *Argot-Liedern* und *Germania-Romanzen zu finden ist;* Tatsächlich gibt es in der vorliegenden Sammlung, von einigen bemerkenswerten Ausnahmen abgesehen, nur wenig, was literarischen Rang beanspruchen könnte.

Allein diese Ausnahmen gelten jedoch als ausreichende Rechtfertigung für eine solche Anthologie wie die hier vorgestellte. Darüber hinaus stellen diese „Reime und Lieder", die im Laufe der Zeit zusammengetragen wurden, *massenhaft* Punkte dar, die für den Studenten und Gelehrten von Interesse sind, die für sich genommen entweder völlig fehlten oder in der Masse von Dingen begraben und aus den Augen verloren wurden mehr (oder weniger) wertvolle Materie.

Was die Vulgärsprache selbst betrifft – obwohl eine erschöpfende Betrachtung offensichtlich außerhalb des Rahmens notwendigerweise kurzer Vorworte liegt – kann darauf hingewiesen werden, dass ihr Ursprung in England zugegebenermaßen unklar ist. Vor der zweiten Hälfte des 16. Jahrhunderts gab es kaum Spuren dieser Flut unorthodoxer Reden, die in diesem Gnadenjahr 1896 sechs doppelspaltige Quartbände bedarf, um sie ordnungsgemäß zu dokumentieren – wahrlich riesig und bunt Menge!

Es ist etwas schwierig, die Unterscheidung zwischen Cant und Slang zu treffen. Können wir es nicht wissen? seine Grenzen und sein Platz in der Welt der Philologie sind klar definiert. Im Slang haben wir jedoch einen wahren Proteus, der sich ständig verändert und sich größtenteils einer genauen Definition und geordneten Ableitung entzieht. Nur wenige, außer Gelehrten und dergleichen, unterscheiden überhaupt zwischen den beiden, obwohl die Grenzlinie klar genug definiert ist.

Erstens ist Slang universell, während die Verwendung von Cant auf bestimmte Klassen der Gesellschaft beschränkt ist: Diebe, Landstreicher und – nun ja, ihre Gefährten. Eines haben beide tatsächlich gemeinsam: Beide sind von einem korrekten, normalen Sprachgebrauch abgeleitet. Damit enden jedoch alle Gemeinsamkeiten.

Slang rühmt sich einer Quasi-Respektabilität, die dem Cant fehlt, obwohl Cant häufig dauerhafter ist und seine Verwendung ohne Bedeutungsänderung über viele Generationen hinweg fortgeführt wird. Beim Slang ist dies die Ausnahme; heute in Kraft stehend, ist es morgen entweder völlig vergessen oder hat eine neue Bedeutung angenommen – eine Schöpfung des Zufalls und der Umstände. Sowohl Cant als auch Slang, aber Slang in einem bestimmten Maße, sind Spiegel, in denen der Betrachter ein Bild des Zeitalters mit seinen Fehlern, Schwächen und Eigenheiten reflektiert sehen kann. Sie spiegeln das soziale Leben der Menschen wider, und selten wird der Spiegel so treu der Wahrheit gehalten – daher das gegenwärtige Interesse und möglicherweise der zukünftige Wert dieser Lieder und Reime. Im Übrigen wird das Buch für sich selbst sprechen.

RHYMES OF THE CANTING CREW. [Anmerkungen] [ca. 1536]

[Aus „ *The Hye-way to the Spyttel-hons* "von ROBERT COPLAND (HAZLITT, *Early Popular Poetry of England, iv* .) ROBERT COPLAND und der Pförtner des St. Bartholomew's Hospital, *redegewandt*].

Copland. Kommt auch keiner dieser Hausierer hier entlang, Mit Gepäck auf dem Rücken und ihrer Boudoir-Rede [1], zerklüftet und zerfetzt von zerrissenen Hosen und Brechern?

Portier. Jetzt, jetzt; mit verstümmeltem Schoß[2]
zerreißt er das Patrouillenpferd im dunklen Käfig, gräbt das Tal für einen kupfernen Mekka an; seine Wache soll einen Ausruf hören, Nob-Chete, Cyarum, bei Salmon, und du sollst mein Geschrei in deinem Gang fangen, denn meine Wache ist nackig, denn das gute Haus hat meine Wache. Und so plappern sie, bis ihre Sparsamkeit erschöpft ist. Ich weiß nicht, was mit ihrem hausierenden Französisch passiert.

[1 beschissen] [2 Anmerkungen]

Der Bettlerfluch [1608]

[Aus *Lanthorne and Candlelight* von THOMAS DEKKER, hrsg. GROSART (188), iii, 203: – „ein singendes Lied, aus dem Sie lernen können, wie *diese* verfluchte *Generation* betet oder (um die Wahrheit zu sagen) solche Beamten verflucht, die sie bestrafen"].

[Anmerkungen]

ICH

Der Rüpel hört den Knüppel des Harmanbeck,
wenn wir Pannam, Lap oder Ruff-Peck oder Yarum-Pappeln fressen. Er schneidet, ruft zu den Rüpeln, oder er schwört bei den Leuchtturmwärtern, unsere Briefmarken in die Harmans zu stecken. Der Rüpel hört den Geist des Harmanbeck, wenn wir eine Hütte bauen, hören wir den Leuchtturm.

[Der Teufel schnappt sich den Kopf des Constable!
Wenn wir um Brot, Getränk, Speck oder Milchbrei betteln, sagt er: „Geh zu den Hecken" oder schwört, morgens mit den Füßen in den Stock zu klatschen. Der Teufel nimmt den Geist des Konstablers. Wenn wir ein Haus ausrauben, werden wir ausgepeitscht.]

II

Wenn wir einen kniffligen Ken quälen oder quälen,
oder einen Knüppel kneifen, der nur einen Sieg hat, oder den Giger eines Gentry-Kern-Kens übertölpeln, zum quieren Schlagen, den wir bing; und dann zum quieren Ken, um den Cramp-Ring zu verfluchen ,Und dann zum Trin'de auf den Chates, in den Light-Mans,The Bube &. Ruffian Cly the Harmanbeck & Harmans.

[Wenn wir Unzucht treiben oder in einer Bierstube stehlen,
einen Geldbeutel stehlen, in dem sich nur ein Penny befindet Morgen, Die Pocken und der Teufel nehmen den Polizisten und seine Vorräte.]

"Ben Morts ist raus" [1610]

[Von SAMUEL ROWLANDS in „*Martin Mark-all, Beadle of Bridewell: Seine Verteidigung und Antwort an den Belman von London*"].

ICH

Schaut hin, ben torres & torre,[1]
Schaut hin, ben torres & torre, Denn alle Coues von Rom haben eine Spitze,[2]Und die Buchten wölben sich über den Boden.[3]

II

Die Chorstühle sind zum Bogensport ausgefahren,[4]
so ruhig wie ein Ball,[5]aber wenn wir erwischt werden, werden wir
geborgen,[6]und in die Festhalle getragen.[7]

Drittes Kapitel

Heraus ragte das Ruder des Kens,[8]
Mit einem Ben Filtch in seinem Stein[9]Das tat dem Prigg gut, der im
Kisome steckte,[10]Um das Ruder herumzuschleppen, schreckte es mich
auf.

[1: Passt auf, gute Frauen;] [2: alle Römer [Anmerkungen] sind weggelaufen
[Anmerkungen]] [3: Die komischen Kerle haben das Geld genommen] [4:
sind in die Kneipe geschlichen] [5: flink] [6: ausgepeitscht] [7: ins Gefängnis
gebracht.] [8: geschlichen; Hausherr] [:9 Stab; Hand.] [10: ging auf die Suche
nach dem Mann, der Alarm geschlagen hatte.]

MAUNDERS FREUDUNG [Anmerkungen] [1610]

[Von SAMUEL ROWLANDS in *Martin Mark-all, Beadle of Bridewell: Seine
Verteidigung und Antwort an den Belman von London* : – „Ich werde Ihnen zeigen,
was ich in *Knock-vergos hörte* , als ich dort einen Krug englisches Ale trank, zwei
in Maunders geborene und aufgewachsene Schurken, die in ihrer
Heimatsprache um die Wette warben"].

ICH

O Ben Mort, willst du mit mir paddeln,[1]
ein Ben Slate soll dir und mir dienen,[2] mein Caster und Commissioner
sollen beiden Maund dienen,[3] mein Bong, mein Lowre und meine
Fambling Cheats[4] sollen dir zu Diensten sein.

II

O Ben Coue, das darf nicht sein, [5]
denn du hast ein Todesurteil, das ewig währt,[6] wenn sie tot wäre und an
sein langes Bein gefesselt,[7] dann würde ich mit dir waten und streiten,[8]
und waten und streiten.[9]

Drittes Kapitel

O ben mort Castle out & Towre,[10]
Wo all die Zimmer schlampig sind, damit wir das Blaue vom Himmel
stoßen können,[11] Wo wir das Blaue vom Himmel stoßen und die
Blindgänger wegzäunen müssen,[12] Dann stürmen wir zum Bugging
Ken,[13] Das ist der Schnitt von Robin Hood.[14]

IV

Doch oh, ben Coue, was ist, wenn wir ausgespäht werden? [15]
Lange können wir nicht widerstehen und werden schließlich ausgespäht.
[16] Wenn wir ausgespäht werden, oh, dann beginnt unser Leid. Mit dem
Harman brechen wir aus und ach, [17] nach Wittington gehen wir. [18]

V

Verstaue dein Zeug und pflanze, und wünsch dir nichts mehr davon [19]
Berühre den Schnabel mit dem Crackmas und kippe mit deinem Hintern
nach unten [20] Wenn du Angst vor dem Trainieren hast, wirst du nie einen
Ian aufdrängen, [21] Dann mahle und wedle und trainiere für mich, [22] Ein
kleiner Pickel in deinem Gang. [23]

Als sie so auf merkwürdige Weise um die Gunst der Gäste waren, kam
zufällig ein Gauner [24] herein, der ein Pinte Ale wollte. Als sie ihn erspähten,
ließen sie von ihren schelmischen Gedichten ab und begannen, den armen
Gauner zu verspotten.

VI

Der Klapperkasten liegt im Kapitän, [25]
Aus Scham wagt er es nicht, herauszukommen, doch wenn er herausstößt,
ist er wie ein Gigger, [26] Kippen Sie meine schiefe Seite, gute Dame.

[1: gute Frau, Landstreicher] [2: Laken] [3: Mantel; Hemd; betteln] [4:
Geldbörse; Geld; Ringe] [5: guter Mann] [6: Ehefrau] [7: in ihr altes Heim
gegangen] [8: Landstreicher und betteln] [9: Notizen] [10: herausfinden] [11:
Diebe; sich versammeln; Geld bekommen] [12: die Beute verkauft] [13: in die
Kneipe gehen] [14: „Robin Hood" genannt.] [15: verhaftet?] [16: betrügen
und stehlen] [17: Friedensrichter] [18: Newgate] [19: Halt die Klappe!
Versteck dich und sag nichts mehr] [20: Notizen] [21: hängend; eine
Geldbörse nehmen] [22: rauben; Hure; hängen] [23: Notizen] [24: Notizen]
[25: Bettler; Scheune] [26: kommt heraus; geht zu den Türen der Leute –
„Steck etwas in meine Brieftasche."]

"EIN GAGE VON BEN ROM-BOUSE" [Anmerkungen] [1611]

[Von MIDDLETON und DEKKER in „ *The Roaring Girl* " V, 1. Gesungen
von *Moll-Cut-purse* und *Tearcat* , einem tyrannischen Schurken.]

Moll . Komm, du Schurke, sing mit mir:

Ein gage von ben Rom-bouse,[1]
In einem bousing-ken von Rom-vile[2]

Tearcat ist besser als ein Caster,[3] Peck, Pennam, Lap oder Popler,[4] den wir
in Deuse a Vile mahlen.[5]

Moll . Oh, ich würde alle Lichtmänner befreien,[6]
Oh, ich würde alle Dunkelmänner befreien,[7]Bei der Salomon, unter den Ruffemans[8]Bei der Salomon in den Hartmans[9]

Tearcat . Und durchkämme den Queer-Cramp-Ring[10]
Und liege, bis ein Palliard mein Tal angedockt hat,[11]Damit mein Bousy-Nab Rom-Bouse gut verzerren könnte[12]Avast zum Block, lasst uns bing;[13]Avast zum Pad, lass uns bing.

[1 Ein Topf starkes Bier (oder Wein)] [2 Londoner Bierhaus] [3 Besser als ein Umhang] [4 Fleisch, Brot, Getränk oder Haferbrei] [5 Auf dem Land stehlen.] [6 Lügen den ganzen Tag] [7 Nacht] [8 Bei der Masse! im Wald] [9 Vorräte] [10 in Fesseln] [11 Notizen] [12 Addle-Pate May Swill starkes Getränk] [13 Lasst uns auf die Straße gehen.]

„BING OUT, BIEN MORTS" [Anmerkungen] [1612]

[Aus *O per se O* von THOMAS DEKKER].

Bing out, bien Morts, and tour, and tour,[1]
bing out, bien Morts, and tour;[2]Denn alle deine Duds sind verschwendet,[3] das bien coue hat die loure.[4]

* * * * *

ICH

Ich traf eine Delle, ich sah sie mir genau an,[5]
sie war mir gnädig ergeben; [6]Also zögerten sie und ich und jagten,[7] was immer wir fangen konnten. [8]

II

Dieser Doxie-Dell kann gut schneiden, [9]
und gut schlagen, um zu gewinnen; [10] Und so gutmütig und süßlich, [11] all das Taumeer-Abscheuliche darin. [12]

Drittes Kapitel

Der Junge war glücklich,[13]
bei Frost und Schnee;[14] Wenn sie suchten, dann krochen wir,[15] und pflanzten uns in die Tiefen des Waldes.[16]

IV

Dann ging Kenne the Mort nach Stawling,[17]
um Lorbeer für ihre Betrügereien zu holen;[18] Duds und Ruff-pecke, ruiniert von Harmanbecke,[19] und gewonnen durch Mawnders Heldentaten.[20]

V

Ihr Mawnders alle, verstaut, was ihr aufschiebt,[21]
nach Rom, Coues, also achtet darauf;[22]Und wapping Dell, das gut
nörgelt,[23] und Loure für ihre Miete nimmt.[24]

VI

Und sei gut informiert, kreuze Rom-Kommende an,[25]
denn zurück von Glimmar zu Mawnd,[26]um jeden Ken zu mahlen, lass
Coue dann bingen,[27] durch Ruffemans, Lague oder Launde.[28]

VII

Bis Cramprings ruhiger ist, schenke Coue seinen Lohn,[29]
und fang sie mit schärferen Kens;[30]Ein Kanniken, eine Mühle mit
schärferen Cuffs,[31] also ruhiger zu Ben Coues Wache.[32]

VIII

Dann sei Darkman, Bouse, Mort und Ken [33]
der Bingd des Bien Coue [34], auf dem Weg zu den Trinen, speise bei
Rome-Coues [35] endlich sein langes Abendessen. [36]

* * * * *

Bingd out bien morts, und toure, und toure,[37]
bing out of the Rome-vile; [38]Und toure the coue, that cloyed your
duds,[39] auf den Chats zu trine.[40]

[1 Geh ins Ausland, gute Frauen,] [2 und sieh dich um;] [3 Denn alle deine
Kleider sind gestohlen;] [4 und ein guter Kerl (ein kluger Dieb) hat das Geld.]
[5 Ich traf ein Mädchen und fasste sie zusammen:] [6 Sie passte sehr gut zu
mir] [7 Also (gesellte sich zur Gesellschaft) sah sie zu, während ich stahl] [8
was auch immer uns in den Weg kam.] [9 Diese junge Hure kann wie die
Wahrheit lügen] [10 heftig Unzucht treiben einen Penny] [11 Und sehr
geschickt stehlen] [12 Auf dem Lande] [13 Als das Haus alarmiert wurde,
hatten wir Glück] [14 Trotz Frost und Schnee] [15 Als sie uns suchten,
versteckten wir uns] [16 Im Wälder.] [17 Die Frau geht zu einem
Diebesempfangshaus] [18 um Geld für die Beute zu bekommen –] [19
Notizen] [20 durch die Geschicklichkeit eines Schurken erbeutet.] [21 Ihr
Schurken prahlt nicht mit eurer Beute] [22 an Schurken, die nicht
heterosexuell sind] [23 Oder vertraue einer Geliebten, die, obwohl sie
[Anmerkungen]] [24 dies gegen Bezahlung tut.] [25 Mit einer gefälschten
Lizenz und gefälschten Unterschriften [Anmerkungen]] [26 hinsichtlich der
Verluste durch Feuer] [27 Um jedes Haus auszurauben, soll ein Mann gehen]
[28 Durch Hecken, Gräben und Felder] [29 Bis Fesseln seine Nachtisch sind]
[30 und ein Gefängnis sein Schicksal ist] [31 Eine Pest ergreift den Richter!]

[32 Wer ist so hart zu einem schlauen Schurken? zu seinem langen Schlaf.]
[37 Also geh, meine gute Frau] [38 raus aus London] [39 Und sieh den Mann,
der deine Kleider gestohlen hat] [40 am Galgen hängen.]

DAS LIED DES BETTLERS [Noten] [1620]

[Aus „*Eine Beschreibung der Liebe*", 6. Aufl. (1629)].

ICH

Ich bin ein Schurke und ein kräftiger Kerl,
ein sehr mutiger Trinker, ich bin ein hervorragender Trinker, das ist
bekannt, der Rattenfänger, Tom und Kesselflicker. Immer noch rufe ich:
„Euer Gnaden, guter Herr, gebt einen kleinen Denire, Sir" [1] und brauig
beim Trinken Ken [2] Er hat alles in Bier getrunken, Sir. [3]

II

Wenn ein Bung durch das hohe Gesetz [4] erwischt wird,
dann gehe ich sofort zu ihnen. Denn wenn Hue und Crim folgen, schicke
ich sie bald auf den falschen Weg. Ich schreie immer noch usw.

Drittes Kapitel

Zehn Meilen bis zu einem Markt.
Ich laufe einem Geizhals entgegen, dann beiße ich ihm in der Menge in den
Mund, [5] und die Leute merken es nicht. Ich weine immer noch usw.

IV

Meine zierlichen Dals, meine Doxis, [6]
Wann immer sie sehen, dass ich mangele, werden
sie ohne Verzögerung
ihre Klamotten wegpacken, die armen Schlucker. [7] Ich weine immer noch,
usw. V

Ich bezahle für das, was ich verlange,
und so muss es zwangsläufig sein, denn bis jetzt kenne ich weder den Mann
noch die Oastis, die mir vertrauen. Ich weine immer noch usw.

VI

Wenn mir jemand eine Unterkunft gibt,
findet er mich als höflichen Knaue, denn in seinem Bett, ob lebendig oder
tot, hinterlasse ich einige Läuse. Ich weine immer noch usw.

VII

Wenn ein Adliger kommt, [8]
Dann ist es unsere Art, mein Bein eng an meinen Oberschenkel zu binden,
um ihn zum Mitleid zu bewegen. Ich weine immer noch usw.

VIII

Meine Wamshülle hängt leer,
und um die Mutigeren zu betteln, um meinen Arm zu essen und zu trinken,
schrecke ich zurück, dicht an meiner Schulter. Ich weine immer noch usw.

IX

Wenn ein Trainer, den ich hier habe, zu meinen Krücken poltert,
dann hieb ich mich, weil ich lahm bin, ist es eine Schande, solche Galanten
sollten mich verleugnen. Ich weine immer noch usw.

X

Mit einem scheinbar geplatzten Bauch
sehe ich aus wie halb tot, Sir, oder ich bettele mit einem Holzbein
und einer Nachtmütze auf dem Kopf, Sir,
ich weine immer noch usw.

XI

Im Winter
komme ich völlig nackt in eine Stadt, und jeder Mann, der sie entbehren
kann, wird mir für wenig Geld Kleidung geben. Ich weine immer noch usw.

XII

Wenn ich aus dem Tiefland [9]
einen Captaines-Namen höre, Sir, dann schwöre ich, dass ich dort bin; Und
so kam es im Kampf zu Lahmheiten, Sir. Ich weine immer noch usw.

XIII

Mein Hund an einer Schnur führt mich,
wenn ich in die Stadt gehe, Sir, denn zu den Blinden sind alle Menschen
gütig, und werden ihre Almosen geben, Sir, ich weine immer noch usw.

XIV

Mit Schaltern stehe ich manchmal
am Fuße eines Hügels, Sir. Da sind die Männer, die einen Schalter wollen.
Etwas Geld geben sie mir immer noch, Sir. Ich weine immer noch usw.

XV

Kommen Sie und kaufen Sie ein Horne-Book.
Wer kauft meine Stecknadeln oder Nadeln? In Städten weine ich diese
Dinger oft, um den Beadles zu entkommen. Ich weine immer noch usw.

XVI

In der Paulskirche an einer Säule; [10]
Manchmal sehen Sie mich stehen, Sir, mit einem Schreiben, das zeigt, welche Sorgen und Leiden
ich zu Wasser und zu Land hinter mir habe, Sir.
Ich weine immer noch usw.

XVII

Tadeln Sie mich nun nicht, dass ich mich rühme
und nur so prahle, Herr. Für mich selbst werde ich immer noch beten, denn ich habe keine Nachbarn, Herr. Was mich zum Weinen bringt usw.

[1: Penny] [2: Bierhaus] [3: Getränk] [4: Geldbörse; Notizen] [5: seine Handtasche stehlen] [6: Mädchen; Huren] [7: ihre Kleidung verpfänden] [8: Herr] [9: Notizen] [10: Notizen]

* * * * *

MAUNDERS INITIATION [Anmerkungen] [1622]

[Aus *The Beggars Bush* von JOHN FLETCHER; auch in *The New Canting Dict* : – „Gesungen bei der Wahl eines neuen Dimber Damber oder Königs der Zigeuner"].

ICH

Werft eure Nabelschnur und Sorgen beiseite,
dies ist Maunders Feiertag: [1] Schaut hinaus in die Welt und seht, wo es einen so gesegneten König wie ihn gibt *(er zeigt auf den neugewählten Prinzen.)*

II

Bei der Krönung unseres Königs
tanzen und singen wir so: Wo lebt die Nation so frei und so fröhlich wie wir?

Drittes Kapitel

Ob es Frieden oder Krieg ist,
hier sind wir in Freiheit. „Hängt alle Harmanbecks", rufen wir, [2] wir, die Manschettenknöpfe, trotzen. [3]

IV

Wir genießen unsere Bequemlichkeit und Ruhe.
Wir werden nicht auf die Felder gedrängt. Und wenn die Steuern erhöht werden, werden wir nicht um einen Cent benachteiligt.

V

Auch wird niemand vor Gericht gehen,
mit einem Strohmann als Strohhalm, denn all sein Glück, mit dem er prahlt,
ist nur seinen Lumpen zu verdanken.

„Jetzt schwöre ihn"—

Ich kröne deinen Nab mit einer Spur von Ben Bouse,[4]
und halte dich bei den Lachsen in Clows,[5]um auf dem Pad zu maulen und
alle Betrüger zu schlagen, [6]um von den Ruffmans, Kommission und
Schiefer, [7]Twang dells i' th' stiromel, und lass den Chor CuffinUnd
Harman Beck strine und trine zum Ruffin. [8]

[1: Bettler] [2: Polizisten] [3: Beamte] [4: Ich gieße einen Krug gutes Bier auf
deinen Kopf] [5: Und setze dich mit einem Eid als Schurken ein] [6: Um
unterwegs zu betteln , stehle von allen,] [7: Beraube Hemd und Bettlaken,]
[8: Mit Dirnen auf dem Stroh liegen, also sollen alle Beamten und Polizisten
zum Teufel gehen und gehängt werden!]

Die Prahlerei des High Pad [*b* . 1625]

[JOHN FLETCHER zugeschrieben – ein Lied aus einer Sammlung
schwarzgeschriebener Breitseitenballaden. Auch in *New Canting Dict* . 1725.]

ICH

Ich behalte mein Pferd; Ich behalte meine Hure;
Ich nehme keine Miete; aber ich bin nicht arm; ich reise durch das ganze
Land und wurde doch nie für einen Fuß geboren.

II

Mit prallen Rebhühnern und schönen Waldschnepfen
esse ich oft um Mitternacht zu Abend. Und wenn meine Hure nicht bei der
Sache ist, [1] hat die Tochter meiner Wirtin ihren Platz.

Drittes Kapitel

Die Mägde sitzen auf und beobachten, wann sie an der Reihe sind.
Wenn ich lange bleibe, trauert der Schankwirt. Auch die Köchin hat keine
Lust zu sündigen, obwohl sie vom Kammerherrn in Versuchung geführt
wird.

IV

Doch wenn ich anklopfe, oh wie sie geschäftig sind;
der Stallknecht gähnt, die Wallache zappeln; wenn das Mädchen schläfrig

ist, oh wie sie sie verfluchen; und all das kommt daher: *Geben Sie Ihren Geldbeutel her, Sir.*

[1: im Haus]

DIE LUSTIGEN BETTLER [Anmerkungen] [1641]

[Aus *A Jovial Crew* von RICHARD BROME. Die Bettler entdeckten bei ihrem Festmahl. Nachdem sie eine Weile an ihren Lebensmitteln gekrabbelt waren: dieses Lied].

ICH

Hier, sicher in unserem Skipper, lasst uns von unserem Peck ablegen, [1] und uns trotzig vor dem Harman Beck verneigen. [2]Hier sind Pannam und Lap und die guten Pappeln von Yarrum, [3]um die Krippe zu füllen und den Quarron zu trösten. [4]Nun verneigt euch aufs Wohl vor dem Go-Brunnen und dem Corn-Brunnen, [5]von Cisley Bumtrincket, der im Strummel liegt; [6]

II

Hier sind Ruffpeck und Casson und alles Gute, [7]
und Scrape von den Leckerbissen von Gentry Cofes Festmahl [8] Hier sind Grunter und Bleater mit Tib-of-the-Buttry [9] und Margery Prater, alle ohne Schlamperei gekleidet. [10] Für all diese Wohltaten, Cribbing und Peck, lasst uns also [11] Gentry Cofe of the Ken auf die Gesundheit hinweisen. [12] Und nun verneigen wir uns auf die Gesundheit vor dem Go-well und Corn-well [13] von Cisley Bumtrincket, der im Strummel liegt. [14]

[1: Lasst uns sicher in unserer Scheune essen] [2: Und trinken, ohne Angst vor dem Polizisten zu haben!] [3: Hier ist Brot, Getränk und Milchbrei] [4: Um den Bauch zu füllen und den Körper zu beruhigen.] [5: Trinken Sie auf Ihre Gesundheit [Anmerkungen]] [6: Auf Cisley Bumtrincket, die im Stroh liegt] [7: Hier ist Speck und Käse] [8: Und Reste vom Tisch des Herrn] [9: Hier ist Schweinefleisch, Hammelfleisch, Gans] [10: Und Huhn, alles gut gekocht.] [11: Auf dieses gute Essen und Fleisch lasst uns] [12: Auf die Gesundheit des Herrn trinken und] [13: Dann trinken Sie ein gutes Glas] [14: auf Cisley Bumtrincket.]

A MORT'S DRINKING SONG [Noten] [1641]

[Aus *A Jovial Crew* von RICHARD BROME: Patrico kommt mit seiner alten Frau und einer Holzschale voll Alkohol herein. Sie ist betrunken. Sie singt:—]

ICH

Das ist gut so, das ist gut so, [1]
Zu wenig ist mein Schief. [2]Ich verneige mich nicht vor einer ganzen
Menge, [3] Davon werde ich mich vor dir verneigen.

II

Dieses Verbeugen ist besser als Rom-Verbeugen, [4]
Es bringt die Leute zum Kichern, [5] Der Herbst hat mehr Spaß [6] am
Verbeugen als am Niggern. [7] Dies ist gutes Verbeugen usw.

[Sie wirft ihre Schüssel ab, fällt zurück und wird hinausgetragen .]

[1: starkes Bier] [2: Becher oder Platte] [3: Wasser; Topf] [4: Wein] [5:
Mund] [6: Ehefrau] [7: Unzucht]

"EIN BETTLER WERDE ICH SEIN" [Anmerkungen] [1660—1663]

[Eine in Frakturschrift verfasste Flugblattballade]

Ich
werde ein Bettler sein, ein Bettler, ein Bettler. Es gibt niemanden, der ein
fröhlicheres Leben führt als er; Ein Bettler war ich, und ein Bettler bin ich,
ein Bettler werde ich sein, von einem Bettler bin ich gekommen; Wenn, wie
es beginnt, unser Handel tatsächlich scheitert, werden wir im Fazit alle
Bettler sein. Handwerker sind in ihren Angelegenheiten unglücklich, und
nur wenige Männer gedeihen außer Höflingen und Spielern.

II

Ein Fleißer mein Vater, ein Schleicher meine Mutter, [1]
Ein Filtrierer meine Schwester, ein Filscher mein Bruder, ein Galopper
mein Onkel, der sich nicht um Pelf gekümmert hat, ein Heber meine Tante
und selbst ein Bettler; Im weißen Weizenstroh, als ihre Bäuche voll waren,
befand ich mich zwischen einem Bastler und einem Trull. Und deshalb
werde ich ein Bettler sein, ein Bettler, denn niemand führt ein fröhlicheres
Leben als er

III

Für so schöne Pfande wie Wiegenlieder aus Hecken. [2]
Wir haben keine Angst, auf Schlitten gezogen zu werden,
aber manchmal bringt uns die Peitsche zum Hüpfen
, und dann stolpern wir von einem Zehnten zum nächsten. Aber wenn wir
in einer armen Sauferei sind, können wir sie nicht ausnützen. [3] Wir
fürchten den Block mehr als den Galgen, und deshalb werde ich ein
lustiger, verrückter Bettler sein, denn wenn es Nacht ist, stolpert er in der
Scheune.

IV

Wir reißen keinen Altar nieder und wanken nie,
auch nicht einmal, wenn wir eine Goldkette gegen einen Halfter tauschen.
Obwohl manche uns verhöhnen und andere an uns zweifeln, tragen wir
gewöhnlich vierzig Münzen mit uns herum. Doch viele brave Kerle sind
fein und sehen grimmiger aus und verdanken ihre Kleidung dem Schneider
und dem Warenhändler. Und wenn ich meine Füße von den Harmans
fernhalte, [4] fürchte ich weder den Compter, den King's Bench noch die
Fleet. [5]

V

Manchmal bilde ich mir ein, hinke,
und wenn eine Kutsche kommt, hüpfe ich zu meinem Spiel. Wir haben
selten eine Fehlgeburt und heiraten nie, bei der Talar-, Gebets- oder
Mantelordnung. Aber Simon und Susan küssen sich, und sie lachen, und so
geraten sie durcheinander, [6] wie Schweine im Erbsenstroh liegen sie
ineinander verstrickt, bis sie einen so dreisten Schurken wie mich zeugen.

VI

Wenn Jungen zu uns kommen und
unserem Beruf folgen wollen, binden wir sie nie in die Lehre. Sobald sie
dazu kommen, bringen wir ihnen bei, es zu tun, und geben ihnen außerdem
einen Stab und eine Brieftasche. Wir bringen ihnen ihre Sprache bei, das
Flehen und das Heuchen. [7] Der Teufel steckt in ihnen, wenn sie dann
etwas wollen. Und wenn er oder sie ein Bettler sein wird, werden sie ohne
Lehrverpflichtung freigelassen.

VII

Wir betteln um unser Brot, doch manchmal kommt es vor, dass
wir es mit Schwein, Junghenne, Kaninchen und Kapaunen fasten. Die
Angelegenheiten der Kirche: Wir sind keine Menschentöter. Wir haben
keine Religion, leben aber von unseren Gebeten. Doch wenn die Menschen
beim Betteln ihre Beutel nicht ziehen wollen,
greifen wir an und schießen mit einer Salve von Flüchen auf sie. „
Der Teufel soll Eure gute Gottesmutter verfluchen“, schreien wir, „und ich
bin ein dreister Bettler mit unverschämtem Gesicht.“

VIII

Wir tun die Dinge zur rechten Zeit und haben so viel Vernunft, dass
wir keinen Aufstand anzetteln und nie von Verrat reden. Wir stellen allen
unseren Kameraden sehr niedrige Rechnungen aus, während manche ihre
Quartiere so hoch halten wie das Schicksal. Mit Shinkin-ap-Morgan, mit
Blue-cap oder Teague [8] gehen wir weder einen Bund noch eine Liga ein.

Und deshalb werde ich ein hübscher, kühner Bettler sein, denn keiner führt ein fröhlicheres Leben als er.

[1 Anmerkungen] [2 nasse Wäsche] [3 Bierstube] [4 Vorräte] [5 Anmerkungen] [6 Anmerkungen] [7 Bettlergeschwätz] [8 Anmerkungen]

EIN BUDG- UND SNUDG-LIED [Anmerkungen] [1676 und 1712]

[Aus „*Eine Warnung für Haushälterinnen* ...“ von einem Gefangenen in Newgate 1676. Die zweite Version stammt aus „ *Triumph des Witzes* “ (1712).

ICH

Der Handel ist ein heikles Geschäft, [1]
Und ein heikles Geschäft des Ruhms; Denn wenn wir ins Blut gebissen haben,[2] tragen wir das Wild davon. Doch wenn uns die Wildschweine schnappen [3] Und uns das Wild wegnehmen, [4] O dann {reiben} {er reibt} uns bis aufs kleinste Detail [5] {Und es ist kaum } {Obwohl wir} keinen Pfifferling wert sind [6]

II

{Aber} {Und} wenn wir an den Ort kommen,
um unsere Dörfer zu sehen, [7]Und um (unsere Buße zu tun) (dort unsere Buße zu tun), {Und} {Wir} trinken das Wasser kalt. [8]Aber wenn wir wieder herauskommen [Und der nette Landstreicher, den wir treffen] [9]Beißen wir in den Cully von; feilen ab mit) seinem Cole [10] Während (wir gehen; er sticht) die Straße entlang.

Drittes Kapitel

[Und wenn wir ihn gefüttert haben [11]
Vielleicht um die Hälfte; [12]
Dann geht jeder Mann zur Kneipe, [13]
um dort sein Schwein einzuzäunen; [14] Doch wenn die Bullen uns entführen und wir wieder in die Klemmringe geraten, [15] (dann werden wir eingerieben, um sie einzureiben) ins Weiße.

IV

Und wenn wir ans Ziel kommen,
schreien sie nach Beilage. [16] (Mary, faugh, du Hurensohn; wir versprechen unseren lüsternen Gaunern), dass ihr es bald haben werdet. [Dann trinkt jeder Mann mit seiner Leiche in der Hand [17] aus seiner Dose und geht. Mit einem Kuss trennen wir uns und gehen nach Westen zu dem knabbernden Betrüger im Karren. [18]

V

{Aber/Und} wenn {das/——} wir nach {Tyburn/dem Betrüger} kommen, weil wir {auf der Flucht} sind, steht dort {Jack Catch/Jack Ketch}, dieser Sohn einer {Hure/Schlampe}, [19] der uns allen einen Groll schuldet. {Und/Denn} wenn er uns {in die Schlinge gezogen/gehauen} hat, [20] und unsere Freunde ihm kein Trinkgeld geben, [21] {O dann wirft er uns auf den Karren/Er nimmt seinen Schnittlauch und schneidet uns nieder}, [22] und {purzelt/kippt} uns in {das/ein} Loch.

[Eine zusätzliche Strophe findet sich in *Bacchus und Venus* (1737), einer Version, die zudem zahlreiche verbale Variationen enthält]. [23]

VI

Doch wenn ein Freund bereitsteht und
sechs Schillinge und acht Pence zahlt, können sie unsere Leichen zurücknehmen und uns forttragen. Denn in St. Giles oder St. Martin gibt es noch immer eine Grabstätte. Und dort hat das Treiben eines dunklen Mannes ein Ende, und der Hurensohn hat seinen Willen.

[1: Sich in Häuser einschleichen und alles stehlen, was zur Hand ist] [2: Den Diebstahl durchgeführt haben] [3: Andere Fänge] [4 Beute [richtiges Geld]] [5: Bring uns nach Newgate; [Notizen]] [6: halber Penny] [7: Fesseln] [8: trinken] [9: Landsmann] [10: sein Geld stehlen] [11: beraubt] [12: eine halbe Guinee] [13: Bierhaus] [14: einen Schilling ausgeben] [15: Handschellen und Fußfesseln] [16: „Fuß"] [17: Hure] [18: Galgen] [19: Notizen] [20: aufgehängt] [21: kein Geld geben] [22: Messer] [23: Notizen]

Das Lob des Maunders auf seinen umherstreifenden Tod [Anmerkungen] [1707]

[Aus „*The Triumph of Wit*" von J. SHIRLEY: „Das Lied des Königs der Zigeuner, gemacht über seine geliebte Doxy oder Geliebte"; auch in *New Canting Diet*. (1725)].

ICH

Doxy, oh! deine Glaser leuchten [1]
wie Glimmar; vom Salomon! [2]Kein Edelmann hat Trottel wie du, [3]Kein Bund hat jemals mit so einem getauscht. [4]

II

Weiß deine Fambel, rot dein Gan, [5]
Und deine Streithähne sind zierlich; [6]Dann leg dich mit mir zusammen, [7]Und im Dunkeln küsst und küsst du dich. [8]

III

Was wäre, wenn ich keinen Togeman trage, [9]
noch Provision, Mish oder Schiefer; [10]Wir werden hier einen Vorrat an
Stroh haben, [11] Und der Skipper ist im Zustand. [12]

IV

Wapping du, ich weiß, liebt, [13]
Sonst klebt der Raufbold den Tod; [14]Entferne dann deine Stempel, [15]
deine Unterhosen, und lass uns Sport treiben. [16]

V

Wenn der Leuchtturmwärter ruft, [17]
plappert Margery aus ihrem Nest, [18]Und ihr Gackern betrügt dabei, [19]
In einer saufenden Kneipe werden wir schlemmen. [20]

VI

Dort, wenn wir wollen; Ich werde [21]
ein Messgerät mahlen oder einen Spund für dich kneifen; [22]
Rumschnaps, du sollst dich satt trinken, [23]
Und einen grunzenden Betrüger zerschmettern, der jung ist. [24]

[1 Geliebte; Augen] [2 Feuer; Masse] [3 Dame; [Notizen]] [4 [Notizen]] [5
Hand; Mund] [6 Körper] [7 Schlaf] [8 Nacht; [Notizen]] [9 Umhang] [10
Hemd oder Laken] [11 Stroh] [12 in der Scheune; Lüge] [13 Anmerkungen]
[14 Der Teufel nimmt die Frau anders] [15 Fuß] [16 Strümpfe; schwelgen]
[17 Tageslicht] [18 Henne] [19 Hühner] [20 Bierhaus] [21 Geld; stehlen] [22
Topf; eine Handtasche stehlen] [23 Wein; trinken] [24 essen; Schwein]

DAS LOB DER RUM-MORT AUF IHREN TREULOSEN MAUNDER
[Anmerkungen] [1707]

[Aus *The Triumph of Wit* von J. Shirley: auch im *New Canting Dict.*].

ICH

Nun ist mein Kinching-Cove verschwunden, [1]
Am Rum-Pad maundeth niemand, [2]Quarrons sowohl für Stumpf als auch
für Knochen, [3] Wie mein Clapperdogeon. [4]

II

Leb wohl, du Dämmerer, [5]
die Palliden hast du alle ausgezeichnet, [6] und dein Jockum trug die
Glocke, [7] kein Schimmer fiel darauf. [8]

Drittes Kapitel

Du hast die Klammern nie geschmäht, [9]
Harmans hatte keine Macht über dich, [10] Harmanbecks hat nie
gewandert; [11] Für dich hatten die Schubladen immer noch Macht. [12]

IV

Duds und Betrüger hast du oft gewonnen, [13]
Doch die Manschettenknöpfe konnten dich meiden; [14] Und die
Deuseaville rannte, [15] Sonst hätten dich die Schlösser zerstört. [16]

V

Kurbel und Dommerar, du könntest spielen, [17]
oder Rum schlürfen an einem Tag, und wie ein Abram-Cove könntest du
beten, und doch mit gut weggerissenen Halsen vorbeigehen.

VI

Als die Dunkelmänner durchnässt waren, [18] hast
du die Crackmans niedergeschlagen, [19] für Glanz, während ein zitternder
Betrüger, [20] Oder Tib-o'-th'-buttry war unser Fleisch. [21]

VII

An Rotschenkeln konnte es mir dann nicht mangeln, [22]
Der Halskrausen hing immer noch an meinem Rücken, [23] Oma füllte
immer meinen Sack. [24] Mit Schoß und Pappeln in der Hand wende ich
an. [25]

VIII

Von deinem Geschwätz und deiner Schmach, [26]
von deinem Geschwätz und deiner Halse sage ich adieu, [27] obwohl dein
Geschwätz nicht neu war, [28] war der Schurke darin mir treu.

[1: kleiner Mann] [2: Landstraße; bettelt] [3: Körper] [4: Notizen] [5: Notizen]
[6: Notizen] [7: Notizen] [8: Notizen] [9: Fesseln; tragen] [10: Pranger] [11:
Polizisten, schauen] [12: Taschen; Geld] [13: Kleidung; allgemeine
Plünderung] [14: Magistrat] [15: Land] [16: Galgen] [17: Notizen] [18: Nacht]
[19: Hecke] [20: Feuer, Ente] [21: Gans] [22: Truthahn] [23: Speck] [24: Korn]
[25: jedes Trinkwasser; Haferbrei] [26: Hund; hölzerne Schüssel] [27: Haken;
gefälschter Pass] [28: Mantel]

DIE SCHWARZE PROZESSION [Anmerkungen] [1712]

[Aus „*Der Triumph des Witzes*" von J. SHIRLEY: „Die zwanzig Handwerker,
beschrieben vom berüchtigten Diebesjäger Jonathan Wild"].

Gute Leute, hört zu, wenn ich euch eine Geschichte erzähle,
von zwanzig schwarzen Händlern, die in der Hölle aufwuchsen, um arme

Leute absichtlich um ihr Recht zu bringen. Es gibt keinen, der euch übers
Ohr hauen wird, wenn ihr nur einen wahren findet. [1]Der erste war ein
Münzpräger, der in eine Form stanzte; der zweite ein Gutschein, um sein
Gold auszugeben. [2]Seht gut zu; hört gut zu, seht [3] wo sie gerieben sind,
[4] bis zum Noppen, wo sie genarbt sind. [5]

II

Der dritte war ein Zimmermann, der verfiel, [6]
der auf der Landstraße zu plündern pflegte. Der vierte war ein Müller, der
Türen einschlug, [7] er wagte es, Reiche und Arme auszurauben. Der fünfte
war ein Glaser, der, wenn er sich einschleicht, [8]
den ganzen Mist zu klauen glaubt, es sei keine Sünde. [9] Alles Gute usw.

Drittes Kapitel

Der sechste ist ein Aktenschlitten, den kein Mensch verschont,[10]
der siebte eine Bewegung, die man sanft die Treppe hinauf verfolgen kann;
[11]Der achte ist eine Masse, die jeden Hick massieren kann, [12]Wenn der
Meister geschnappt wird, dann ist die Masse krank, der neunte ist ein
Angler, der ein Gitter hochhebt [13]Wenn er das aber sieht Locken Sie
seine Haken, er wird ködern. Toure dich gut usw.

IV

Der zehnte ist ein Ladenaufzug, der einen Bob trägt,
wenn er durch die Stadt streift, um die Geschäfte auszurauben ein Beau-
Trap, wenn er einem Keulen begegnet, knabbert er alle seine Coles und
wirft ihn auf die Straße. Toure dich gut usw.

V

Der dreizehnte ist ein Fummel, falsche Ringe zum Verkauf, [17]
Wenn ein Pöbel seinen Kohl gebissen hat, wird er es erzählen; der
vierzehnte ein Spieler, wenn er den Abschuss süß sieht. [18] Er lässt sofort
ein Zahnrad auf der Straße fallen ; [19]Der fünfzehnte ist ein Springer,
dessen Mut gering ist. [20]Wenn sie ihn beim Pferderennen erwischen, ist er
ein für alle Mal eingeschläfert. [21] Toure dich gut usw.

VI

Der sechzehnte ein Schafhirte, dessen Beruf so tief ist, [22]
Wenn er im Mais gefangen wird, ist er für ein Schaf bestimmt. [23] Der
siebzehnte ein Dunaker, der eifrig Gelübde ablegt, [24]auf das Land zu
gehen und stiehl alle Kühe; der achtzehnte ein Kidnapper, der junge
Männer antreibt, obwohl er ihnen einen Hecht schenkt, machen sie ihm oft
wieder ein Nickerchen. Toure dich gut usw.

VII

Der Neunzehnte ist ein Gauner von Gackern, der
den armen Landbesitzern Schaden zufügt und die Höfe plündert; [26]
Er stiehlt ihr ganzes Geflügel und hält es für keine Sünde.
Als er in der Nacht in den Hühnerstall geht, kommt er hinein für alle
bezahlt werden. Toure dich gut usw.

[in *Bacchus und Venus* (1737) wird eine zusätzliche Strophe angegeben:—]

VIII

Es gibt noch viel mehr Handwerker, die ich hier aufzählen könnte, [27]
die solche Berufe ausüben, ohne sich der Scham zu schämen; insgesamt
sind es mehr als sechzig, die ihren Körper und ihre Seele aufs Spiel setzen;
und doch kommen sie, obwohl sie gute Arbeiter sind, selten frei, bis sie auf
einem Karren fahren und an einem Baum erschlagen werden. Passt gut auf,
hört gut zu, seht, wo sie gerieben werden, bis zu der Stelle, wo sie gerieben
werden.

[1: gehängt] [2: Passgeber der Basismünze] [3: Schauen Sie! sei auf der Hut]
[4: genommen] [5: Galgen: aufgehängt] [6: Landstreicher oder
Trittbrettfahrer.] [7: Einbrecher] [8: Fensterdieb] [9: Wertsachen] [10:
Taschendieb; Mann oder dummer Kerl] [11: heimlicher Dieb] [12: Komplize,
der rempelt, während ein anderer raubt: Landsmann] [13: Dieb, der Waren
aus Schaufenstern schnappt] [14: Wirtshausdieb] [15: Trickbetrug Mann;
gutmütiger Narr] [16: stiehlt sein ganzes Geld] [17: Notizen] [18: ein leichter
Betrüger] [19: ein Köder] [20: Pferdedieb] [21: gehängt] [22: Schafdieb] [23:
als Duffer] [24: Viehdieb] [25: Geflügeldieb] [26: Trottel] [27: Mitglieder der
Canting Crew]

FRISKY MOLL'S SONG [1724]

[Von J. HARPER und gesungen von Frisky Moll in JOHN THURMONDS
*Harlequin
Sheppard,* produziert im Drury Lane Theatre].

ICH

Von den Priggs, die die Tänzelnden stark schnappen, [1]
Zu dir vom *Peter* Lay, [2]
ich bitte dich, höre jetzt eine Weile mein Lied, wie er meinen *Boman*
wegtrat. [3]

II

Er durchbrach alle Risse im Weißen, [4]
und spaltete die Fäden in zwei Teile. [5] Doch als ich einen Rumbo hörte,
[6] wurde mein *Boman* wieder geschnappt. [7]

Drittes Kapitel

Ich , *die muntere Braut* , mit meinem Rum-Kolben [8]
würde in einem Bogenschützenkanon graben; [9] Doch ehe er den Kohl aus
dem Schornstein gekippt hatte, [10] kam er in den *Harman* . *[11]*

IV

Eine Geschichte, eine Klatschgeschichte und zwei Gerüchte [12]
hatte mein *Boman* , als er gefangen genommen wurde;
doch hätte er nicht in den Trödelläden gehangen, [13] wäre er noch immer
in der Drury-Lane gewesen.

[1: Pferde stehlen] [2: Kutschendiebe] [3: eingebildeter Mann oder
Liebhaber] [4: Hindernisse; Newgate] [5: Fesseln durchschneiden] [6: Bei
einem Pfandleiher einbrechen] [7: eingesperrt] [8: guter Mann] [9: essen;
Bierstube] [10: Erfrischungen; bezahlt] [11: Polizist] [12 Ring; Uhr; Pistolen]
[13 Gin-Shops]

DIE SERENADE DES CANTER [Anmerkungen] [1725]

[aus *The New Canting Dictionary* : – „Früh am Morgen gesungen, an den
Scheunentoren, wo ihre Dackel sich während der Nacht ausgeruht haben"].

ICH

Ihr Morts und ihr Dells [1]
Kommt aus euren Zellen und bezaubert alle Palliards um euch herum;
[2]Hier sind Vögel aller Federn, durch tiefe Straßen und bei jedem Wetter,
versammelt, um euch zu preisen.

II

Mit nussigen Gesichtern,
Blase und Dünndarm kommen wir scharrend und singend, um euch
aufzuwecken. Steht auf, schüttelt euren Strohhalm ab und bereitet euch
jeden Schlund vor, um euch zu küssen, zu essen und zu trinken, bis ihr voll
seid. [4]

[1: Frauen; Mädchen] [2: Bettler [Anmerkungen]] [3: Mund] [4: betrunken,]

„RETURE MY DEAR DELL" [Anmerkungen] [1725]

[Aus *dem New Canting Dictionary*]

ICH

An jedem dunklen Mann, an dem ich vorbeikomme, in einem alten,
schattigen Hain, [1]

Und lebe nicht, der Lichtmann, den ich nicht preisgebe, meine Liebe, [2] Ich überschreite jeden Spaziergang, an dem wir vorbeikamen, [3] Und bette mich weinend nieder und küsse den kaltes Gras: [4] Ich schreie zu meinem Tod, um Mitleid mit meinem Schmerz zu haben, und all unsere Launen erinnern sich wieder.

II

Wusstest du, mein lieber Doxy, dass die Hälfte des Klugen [5]
, der meinen Panter ergriffen hat, seit du gegangen bist? [6]Hättest du nur meine Seufzer, meine Klagen und mein Stöhnen gehört, würdest du sicherlich umkehren und mein Stöhnen bedauern: [7]Du würdest mir für all meinen vergangenen Schmerz neues Vergnügen bereiten, und ich würde mich wieder über deine Glaser freuen . [8]

III

Aber ach! Ich fürchte, der falsche *Patri-coe* [9]
erntet diese Verzückungen, die mir gebühren: Komm zurück, meine liebe Schlampe, oh, komm noch einmal zurück, und ich werde alles tun, was in meiner Macht steht, um dir zu gefallen: Dann sei gütig, mein liebes Tal, und habe Mitleid mit meinem Schmerz, und lass mich noch einmal deine Glaser anpreisen

IV

Du sollst täglich Rotschenkel und Federn essen, [10]
und wenn es mir je schwer fallen sollte, zu reiten, [11] werde ich nie pfeifen, nie quieken, [12] noch deinen Hals gefährden, um mein Herz zu retten. [13] Dann sei noch einmal gütig, meine Liebe, und tue es wieder gut, und es soll dir an nichts fehlen, was in meiner Macht steht.

[1: Nacht] [2: Tag; sehen] [3: gut wissen] [4: lügen] [5: Herrin] [6: Herz] [7: zurückkehren] [8: Augen] [9: Heckenpriester] [10: Truthahn; Gänse] [11: hängen] [12: sprechen] [13: Hals]

DER EITELTRÄUMER. [Anmerkungen] [1725]

[Aus *dem New Canting Dictionary*].

ich
einst ein dunkler Mann war, träumte ich von meinem Tal, als der Schlaf sie überkam; Es war eine trübe, schläfrige Leiche. [2] Sie schlief, ich durfte sie nicht wecken.

II

Ihre Gliedmaßen waren korallenrot, [3]
Tausendmal habe ich sie geküsst; Tausend weitere hätte ich vielleicht
geklaut.' [4] Sie hätte sie nie vermissen können.

III

Ihr Strammel, gewellt wie Goldfäden,
hing baumelnd über dem Kissen; Schade, dass dieser so primitiv war und
jemals die Weide tragen sollte.

IV

Ich drehte die Lilly-Leiste herunter, [6]
Mir kam es vor, als wäre sie schreiend umgefallen. Das erschreckte mich;
Ich erwachte sofort und stellte fest, dass ich nur träumte.

[1: Abend] [2: hübsch] [3: Lippen] [4: gestohlen] [5: Haare] [6: weißes
Laken]

„Als ich mein DIMBER DELL umwarb" [Anmerkungen] [1725]

[Aus *dem New Canting Dictionary*],

ICH

Als ich meinem Dimber Dell den Hof machte [1],
hatte sie auch Jugend und Schönheit, mutwillige Freuden transportierten
mein Herz, und ihr Freund war immer neu. [2] Doch nun täuscht sie die
Überwindung der Zeit, die ihre Vergnügungen aufrechterhielten; All ihr
Geschwätz muss sie jetzt verlassen, denn leider! Mein Dell ist alt geworden.

II

Ihre mutwilligen Bewegungen, die einluden:
Jetzt, leider! nicht mehr bezaubern, auch ihre Glaser sind ziemlich
umnachtet, [3] Auch kein Prig-Star kann bezaubern. Um die Zeit zu
erobern, leider! betrügt sie, die ihre Triumphe aufrechterhielten, und jede
bewegende Schönheit verlässt sie leider! Mein Dimber Dell ist alt geworden.

III

Es gab eine Zeit, in der kein Mensch sie loben konnte, [4]
die aber mit Sicherheit zunichte gemacht werden würde: Auch konnte der
Gerechte nicht ohne sie leben, [5] sie triumphierte über jeden. Doch nun
täuscht sie die Eroberung der Zeit, die wir mit ihrem Sport aufrechterhalten
würden. All ihre Liebesgeschichten verlassen sie, denn leider! Das Tal ist alt
geworden.

IV

Dein ganzer Trost, Dimber Dell,
ist jetzt, da du deine Blütezeit verloren hast, dass jedermann es gut
bezeugen kann, dass du deine Zeit nicht missbraucht hast. Es gibt keinen
Prig oder Palliard, der nicht dein Sklave gewesen wäre. Dann erfreue deinen
Geist und höre auf zu trauern; Du hattest deine Zeit, obwohl du jetzt alt
geworden bist.

[1: hübsches Mädchen] [2: Notizen] [3: Augen] [4: Mann; anschauen] [5:
Notizen]

DER EID DER CANTING CREW [Anmerkungen] [1749]

[Aus *dem Leben von Bampfylde Moore Carew* , von ROBERT GOADBY].

Ich, Crank Cuffin, schwöre, [1]
dieser Bruderschaft treu zu sein; dass ich mich in jeder Hinsicht an die
Regeln und die Ordnung der Laien halten werde. Niemals die Klappe
blasen oder quietschen; [2]Niemals an den Hintern oder den Schnabel
schnüffeln; [3]Aber bewahren Sie religiös die Autorität derer, die über Stop
Hole Abbey Green regieren, [4]Seien Sie ihr gelbbrauner König oder ihre
Königin. Nur für ihre Sache werden sie kämpfen. Denken Sie, was sie
denken, falsch oder richtig. Dienen Sie ihnen wahrhaftig und keinem
anderen. Und sei meinem Bruder treu; leide niemandem, weder aus der
Ferne noch aus der Nähe, mit ihrem Recht, einzugreifen; kein seltsamer
Abram, Rüschenkerl, [5] Nutte eines anderen Rudels, Schurke oder
Schlingel, Bruder, Betrüger, [6]
irischer Toyle, oder ein anderer Wanderer; [7]
Kein Dimber, Dambler, Angler, Tänzer, Prig of Cackler, Prig of Prancer;
Kein Swigman, Swaddler, Clapper-Dudgeon; Cadge-Gloak, Curtal oder
Curmudgeon; Kein Whip-Jack, Palliard, Patrico; Kein Jarkman, Sei er hoch
oder niedrig; kein Dummerar oder Romany; kein Mitglied der Familie; kein
Balladenkorb, kein Hüpfpuffer, noch irgendein anderer, ich werde leiden;
aber jetzt und für immer abwarten, alle Outtiers, was auch immer; und wie
ich mich daran halte das Versäumte, also kann mir Salamon helfen! [Bei der
Masse!]

[1: Anmerkungen] [2: Geheimnisse preisgeben] [3: dem Gerichtsvollzieher
oder Richter verraten] [4: Anmerkungen] [5: Anmerkungen] [6:
Anmerkungen; Bettler] [7: Anmerkungen]

KOMMT ALLE, IHR SCHWULEN PUFFERN [Anmerkungen] [1760]

[Aus *The Humourist* ... einer erlesenen Sammlung von Liedern. „A New
Flash Song", S. 2].

ICH

Kommt alle, ihr lustigen Puffer, [1]
die die Stadt mit Lärm auskleiden, [2] kommt und hört, was ich sage, und es
wird euch wunderbar witzig machen.

II

Die Trümmer sind in Drury Lane
und auch in Covent Garden. Deshalb sage ich Ihnen ganz deutlich: Es ist
nicht sicher, dorthin zu gehen.

Drittes Kapitel

Doch wenn Ihr nach einem seltsamen Fang sucht [3],
so folgt ihm bitte tapfer und mutig; denn wie man mir erzählt hat, wurde
schon so mancher Puffer aus Angst geschnappt.

IV

Lass deinen Kumpel, der hinter dir hergeht,
deinen Körper bald umkippen
und rechtzeitig mit der Peitsche schlagen, [4]
aus Angst, dass die Keulung zu Ende geht. [5]

V

Denn wenn die Auslese vorbei ist
und man dich dabei erwischt, wie du seine Tasche füllst, [6]dann wirst du
im Old Bailey gefunden, und verdammt, er wird dir den Rest geben. [7]

VI

Doch wenn du ihm einen Schlag aufs Maul versetzen solltest, [8]
dann kannst du zum Zaun gehen, [9] von dort zum Ziel eines T— [10]
wohin du in vollen Zügen strömen kannst.

VII

Doch nun habe ich meinen Reim beendet,
und ich muss mich von euch allen verabschieden. Ich möchte, dass ihr
rechtzeitig aufhört, sonst werden eure armen Herzen bluten.

[1: Schurke oder Pferdedieb] [2: umherschleichen] [3: gut gekleidetes Opfer;
gehen] [4: einem Verbündeten ein Zeichen geben] [5: Notizen] [6: rauben]
[7: dich transportieren lassen] [8: stehlen; Taschentuch] [9: Hehler von
gestohlenem Eigentum] [10: Haus]

DER KARTOFFELMANN [Anmerkungen] [1775]

[aus *The Ranelaugh Concert* … eine erlesene Sammlung der neuesten Lieder,
die an allen öffentlichen Unterhaltungsorten gesungen werden].

ICH

Ich bin ein freches rollendes Messer, [1]
Ich fürchte weder Nässe noch Trockenheit, Ich halte einen Esel für mein
Handwerk, Und durch die Straßen schreie ich *Refrain* . Und sie sind alle
seltene Kartoffeln!
Und sie sind, usw.

II

Ich behalte einen Moll, der schöne Früchte verkauft, [2]
Es gibt niemanden, der mehr Früchte bringt; [3]Sie hat alles, was zu der
Jahreszeit passt, während ich meine Kartoffeln weine. *Chor* . Und sie alle
usw.

III

Ein Linkjunge, einst habe ich den Knebel gestanden, [4]
Am Charing Cross habe ich gespielt, Hier ist Licht, deine Ehre für ein
Magazin, [5] Aber jetzt weinen meine Kartoffeln. *Chor.* Und sie alle usw.

IV

Mit einem blauen Vogelauge um meinen Rakel, [6]
Und einem karierten Hemd auf meinem Rücken, [7]Ein Paar große Keile in
meinen Hufen, Und eine Ölhaut um meinen Hut. *Chor.* Und sie alle usw.

V

Ich werde einen Stier anlocken oder gegen einen Hahn kämpfen,
oder Tauben, die ich fliegen werde; ich bin allen euren klugen Tricks
gewachsen [8] Während ich meine Kartoffeln weine. *Chor.* Und sie alle usw.

VI

Da sind fünf Pfund, zwei Pence, ehrliches Gewicht
. Nimm deine eigene Waage und probiere es aus. Für das Knabbern von
Keulungen hasse ich es immer, [9] Und ich weine in Sicherheit. *Chor.* Und
sie alle usw.

[1: Gefährte] [2: Geliebte] [3: Geld; Notizen] [4: Schrei] [5: Halfpenny] [6:
Taschentuch] [7: Notizen; Hals.] [8: kluge Tricks] [9: betrügende Händler]

A SLANG PASTORAL [Anmerkungen] [1780]

[Von R. TOMLINSON: – eine Parodie auf ein Gedicht von Dr. Byrom:
„Meine Zeit, oh ihr Musen, wurde glücklich verbracht"].

ICH

Meine Zeit, ihr Kinder, war glücklich verbracht, [1]
als Nancy mit mir tanzte, wohin ich auch ging; [2] jede Nacht erlebten wir
zehntausend süße Freuden; sicher war nie ein armer Kerl wie ich verliebt!
Aber seit sie geschnappt wurde und mich zurückgelassen hat, [3] was für
eine wunderbare Veränderung erlebe ich plötzlich!
Als der Polizist sie so festhielt, wie es nur ging,
dachte ich, es sei Bet Spriggins; aber verdammt, sie war es.

II

Mit solch einem Gefährten, einem Stall zum Halten,
einem Tag Porter zum Schlucken und einem Schlafplatz auf einem
Weidebett, [4]war ich so gutmütig, so tölpelhaft und lustig, [5]und trotzdem
war ich den ganzen Tag über so schlau wie eine Karotte:aber jetzt bin ich so
frech und ruppig geworden,so zerlumpt und schmierig wie nie zuvor;meine
Nancy ist weg und meine Freude ist alle verflogen,und mein Arsch hängt
schwer wie Blei hinter mir.

Drittes Kapitel

Der Zwinger, der schnell dahinläuft
und zu leisem Murmeln toter Kätzchen tanzt. Weißt du, kleines Bockpferd,
wenn Nancy da wäre, war es eine Freude, ihn anzuschauen, es war Musik,
zu hören: Aber jetzt, wo sie weg ist Ich kann sehen, wie es vorbeiläuft, und
während es immer noch murmelt, tut es nichts anderes als zu explodieren.
Müssen Sie so fröhlich sein, während ich Schmerzen habe? Hören Sie auf
zu klatschen, und seien Sie verdammt noch mal und hören Sie, wie ich mich
beschwere.

IV

Als die Käfer in Scharen um mich herum oft spielten
und Nancy und ich genauso munter waren wie sie, lachten wir über ihre
Beißereien und küssten uns die ganze Zeit, denn der Frühling ihrer
Schönheit war gerade in seiner Blüte !Aber wegen ihres Spaßes kann ich nie
schlafen, also knacke ich sie zu Dutzenden, während sie über mich
kriechen: Der Fluch vernichtet dich! Ich weine, während ich total schlau
bin, denn ich werde in den Arsch gebissen, während es mir ins Herz sticht.

V

Ich habe mich immer gefreut, den Barbier zu sehen,
wie er mit seinem Haarschwanz zu Nancy und mir kam. Und Nancy war
auch erfreut und sagte zu dem Mann: „Komm her, junger Mann, und
frisiere mir den Kopf." Doch jetzt, wenn er sich verbeugt, schreie ich mit
meinem Stock: „Verflucht, du Schurke!" und gebe ihm einen Tritt. Und ich

werde ihm noch einen leihen, denn warum sollte John nicht so langweilig
sein wie der arme Dermot, wenn Nancy fort ist?

VI

Was habe ich alles gesehen, als ich mit Nancy zusammensaß!
Wie weiß war die Rübe, wie grün der Kohl! Was für einen schönen Anblick
boten im Schatten die Karotte, die Pastinake, der Blumenkohl! Doch jetzt
ist sie ganz schön, obwohl das Grün noch da ist, [6] sieht es nicht halb so
entzückend aus: Es war nicht das an die Wand genagelte Brett, das so viele
Kunden zu unserem Stand lockte.

VII

Süße Musik begleitete uns beide durch die ganze Stadt,
nach Bagnigge, White Conduit und auch nach Sadler's-Wells. [7] Leises
Murmeln in den Kennels, wie süß die Blumentöpfe, Und die Kirschkerne
knackten unter unseren Füßen. Doch nun hat sie es bis nach Bridewell
geschafft. [8] Mein Auge, Betty Martin! Ein Lied auf der Musik. Es war ihre
Stimme, die „Makrele" schrie, wie ich jetzt herausfand, Die allem anderen
seinen angenehmen Klang verlieh.

VIII

Gin! Was ist aus deinem herzerwärmenden Feuer geworden,
Und wo ist die Schönheit von Calverts Intire? Betört irgendetwas von
seinem Geschmack Double Gloucester? Dieser Schinken, diese Kartoffeln,
warum lächeln sie nicht? Ach, verrottet ihr, ich sehe, was ihr vorhattet,
Warum ihr euren Schaum aufgeschlagen habt, Warum ihr euer Fett
abgelassen habt: Um in ihrem Elfenbein zu rollen, um ihr Auge zu erfreuen,
Um von ihrer Zunge gestreichelt zu werden, Um auf ihrem Bauch zu
liegen.

IX

Wie locker ist die Ernte, bis meine Nancy zurückkommt!
Keine Blindgänger in meiner Tasche, keine Meerkohle zum Verbrennen!
[9]Ich denke, wenn ich wüsste, wohin der Wächter treten würde, würde ich
ihm folgen und ihm einen Schlag auf den Kopf verpassen. Flieg schnell,
guter Wächter, bringe meine Liebe hierher und sprenge mich! Ich gebe dir
eine Gallone Bier Trinkgeld. [10]Ah, versenke ihn! Der Wächter ist voller
Verzögerungen und wird, soweit ich das sagen kann, auch keinen Fuß
schneller rühren.

X

Wird kein blutrünstiger Fußstapfen, der mich beschweren hört,
den Wind dieser Geiselnahme stoppen, Constable Payne? [11]
Wenn er das tut, wird er zu den nächsten Sitzungen nach Tyburn
geschleppt.
Und welcher Junge ist so verrückt, sich selbst in die Mangel zu nehmen?
[12]Nein! Blinky, entlasse sie und lass sie zurückkehren; denn noch nie war
der arme Kerl so traurig verlassen. Zounds! was soll ich tun? Ich werde in
einem Graben sterben. Lass dich von mir warnen, wie du mit einer
Schlampe verbündet bist.

[1: Gefährten] [2: begleitet] [3: eingesperrt] [4: trinken] [5: unbeschwert] [6:
pickt Werg] [7: Notizen] [8: weg] [9: Geld] [10: Belohnung] [11: Notiz] [12:
töricht]

Ihr Schurken, Ihr Schurken, Ihr Taucher [Anmerkungen] [1781]

[Aus *The Choice of Harlequin* : or *The Indian Chief* von
MR. MESSINK, gesungen von JOHN EDWIN als „The Keeper of
Bridewell"].

ICH

Ihr Schlingel, ihr Bäuerchen, ihr Taucher und alle auf dem Feld, [1]
In Tothills Feldern wandelt ihr fröhliche Schafe, wie Lämmer treibt ihr
Spaß und spielt; [2] Kommt mit euren Schafen auf meinen Ruf her; ich bin
hier der Jigger Dubber, und ihr seid willkommen, Puppe zu mahlen. [3] Mit
meiner Schlepptau usw.

II

In deinem Versicherungsbüro die Wohnungen, die du übernommen hast,
das Spiel, das sie gespielt haben, mein Junge, du wirst immer sicher
gewinnen. Zuerst berührst du die Augen – die Zahl ist oben – du gehst
kaputt. [4] Mit deiner Versicherungspolice würde ich deinen Hals nicht
versichern. Mit meiner Schlepptau usw.

Drittes Kapitel

Die Franzosen mit ihren flinken Füßen könnten vor englischen Schlägen
fliehen, [5]
Und sie haben flinke Füße, wie der Herr deutlich zeigt. [6] So werden die
Feinde Britanniens verprügelt, ja, hauen Sie zu, Monsieur. Der Hanf, den
Sie jetzt schlagen, wird Ihr Solitär. Mit meinem Werg usw.

IV

Meine Gucklöcher! Wen haben wir denn jetzt hier? Das ist doch sicher,
Black-Moll: [7]
Meine gnädige Frau, Sie gehören zum schönen Geschlecht, also

willkommen in der Mühle, Puppe. Wer mit Ihnen in ein Schlummergemach geht, [8]sollte wie Blackamore Othello „das Licht ausmachen – und dann." Mit meiner Schleppe usw.

V

Ich glaube, mein protziger Kutscher, du wirst besser aufpassen,
und für ein bisschen Gerede auf deinem Fahrpreis wird dir nichts geredet.
[9]Dein Gauner zahlt die Beilage, es sei denn, du gibst Trinkgeld.
[10]Obwohl du ein protziger Kutscher bist, hält hier der Gagger die
Peitsche, mit meiner Schleppe usw.

Chorus omnes
Wir sind Schurken, wir sind Bäuerchen, wir sind Taucher, wir sind alle auf dem Land, in Tothill-Feldern wandeln fröhliche Schafe, wie Lämmer vergnügen und spielen wir; wir rasseln mit unseren Schafen und sind hier auf deinen Ruf, du bist hier ein Jigger Dubber und wir sind gezwungen, zu tummeln. Mit meiner Schleppe usw.

[1: Fußpolster; Taschendiebstahl; Notizen] [2: Tothill-Fields-Gefängnis] [3: Wärter, Pick Oakum] [4: Geld] [5: Füße] [6: Faust] [7: Augen] [8: Gemeinschaftsunterkunft][Notizen] [9: trinken; Missbrauch] [10: Perücke; "Fundament"]

DIE HOCHZEIT DES SANDMANNS [geb. 1789]

[Eine Kantate von G. Parker (?)].

Rezitativ .

aus grobbrüstigen Jennies fuhr , „Sand-ho!"
war sein Thema: Gerade als er die Trommel umdrehte, [1]seine liebe, geliebte Bess, die Bunter, kam herbei; [2] Mit Freude schrie er „Woa", drehte sein Geld um und starrte sie an, saugte zuerst ihr Jole und wandte sich dann so an die Messe. [3]

Luft .

ICH

Verzeih mir, wenn ich jene Reize lobe,
Deine glänzenden Glasuren, Lippen, Hals und Arme [4]. Deine schneeweißen Blasen erscheinen immer wie zwei kleine Sandhügel, meine Liebe. Deine Schönheiten, Bet, von Kopf bis Fuß haben das Herz von Sandmann Joe gestohlen.

II

Komm und heirate, meine Liebe, und lass uns einig werden,
dann bist du frei von der Sauferei; [5]Kein Spott von Cully, Mot oder Froe

[6]Wage es dann, meiner Bess Joe vorzuwerfen;
denn er ist der kleine Rumpel und Schwuchtel, [7]
den alle Jungs von St. Giles fürchten

Rezitativ .

Als das Tageslicht aufblitzte, antwortete Bess schließlich: [8]
Muss Joey dies anbieten und abgelehnt werden? Nein, nein, mein Joe soll
seine Herzensfreude haben. Und wir werden verheiratet sein, bevor wir
diese Nacht schlafen. [9] „Gut gemacht", sagte Joe, „mehr brauchst du
nicht zu sagen" – [10] „Mensch, Galgen, willst du meinen Sand heute?"

Luft .

ICH

Joe verkaufte seinen Sand und verkaufte seinen Cole, Sir, [11]
Während Bess einen Korb voller Lumpen holte, rollten sie dann hinauf
nach St. Giles's, Sir, Zu jedem Bunter, den Bess prahlt: Dann in eine
Schnapsbar Sie pikieren es, [12]Wo Bess aufgenommen wurde, hören wir;
denn keine der Buchten wagt es, es zu mögen, als Joey, ihr Kind, dort war.

II

Voller Freude, bis sie um zehn begannen,
sandte Joe zum Abendessen einen Win aus. Ein Schweinsschlund zwischen
ihnen wurde geteilt, und nachdem sie ihn mit Gin begossen hatten: Es lag
auf einem alten Lederkoffer, Sir. Sie heirateten, nie zu trennen; aber Bessy,
sie war blind betrunken, Sir, Joe fuhr sie in seinem Karren weg.

[1: Straße] [2: Lumpensammler] [3: küsste sie] [4: Augen] [5: Bierstube] [6:
Kerl, Mädchen oder Ehefrau] [7: mutig und süß] [8: Augen] [9: schlafen]
[10: gesprochen] [11: steckte sein Geld ein] [12: gehen]

DAS GLÜCKLICHE PAAR. [1789]

[Von GEORGE PARKER in *Life's Painter of Variegated Characters*].

Joe .

Ihr Slang-Jungs alle, seit der Eheschließung
sind Moll Blabbermums und Rowling Joe fest miteinander verbunden, der
Stolz und die Freude des anderen.
Bringt eure Besen und Blechkessel mit, mit Kanistern und Steinen. Ihr
Metzger bringt auch eure Hackmesser und eure Markknochen. Denn kein
Ehepaar kann gefunden werden, das auch nur halb so gesegnet ist wie Joe
und Moll. Durchsucht ganz St. Giles.

Moll .

Obwohl der schrullige, schmutzige Muns
einst mein Lieblingsmann war, Obwohl der mit der rauhen Schnauze
klingende Tom mir die schluchzende Nan überließ: Obwohl der triefende
Jack und der tauchende Ned [1] mit dem blinzelnden, summenden Sam [2]
mich betrunken machten und [3] den Lärm um einen Schluck aushielten;
Obwohl Scamp, der Balladen singende Junge, mich sein liebstes Fräulein
nannte, [4] gab ich ihnen allen das doppelte Trinkgeld [5] um des wilden Joe
willen.

Chor .

Darum jetzt im fröhlichen Refrain:
Lasst
es uns gemeinsam bejubeln, Und lasst das Herz eines jeden Keulens und
Doxys leichter sein *als* eine *Feder* ; Krempen, [8] Mit Sperma posten wir
unsere *Neddies* ; [9]
Dann werden wir uns alle in *Bub* und *Made wälzen* , [10]
Bis wir von hier weggehen, [11]Seit Rowling Joe bei Moll war, und Moll bei
Joe.

[1: Trampeln; Taschendieb] [2: Taschendieb] [3: bezahlt] [4: Frau, Mädchen]
[5: sitzengelassen] [6: Mann; Frau] [7: Geld] [8: Huren] [9: Geist; unsere
Guineen ausgeben] [10: trinken; Essen] [11: Trinkhaus]

BUNTERS TAUFE. [Anmerkungen] [1789]

[Von GEORGE PARKER in *Life's Painter of Variegated
Characters*].

ICH

Bess Tatter aus Hedge-Lane brachte
zur Freude des Lumpensammlers Joey, der aussortiert wurde, mit dem sie
geschlafen hatte [1], einen Hackklotz mit, der, wie man so sagen könnte, die
Moral seines Vaters war, Sir. Und bei der Taufe hatten sie oft eine lustige
Partie, Sir.

II

Denn als es vier Wochen alt war,
wurden Long Ned und die Müllwagenfahrerin Chloe von Joey eingeladen,
dem Kind einen Namen zu geben. Mit ihm kamen der benommene Tom
[2] und der schleichende Snip, der Säufer [3] die taschendiebische,
trübäugige Ciss und der schielende Jack, der Schlägertyp [4].

Drittes Kapitel

Ebenso kam der schikanierende Sam,
mit Katzen-und-Hundefleisch-Nelly, dem jungen Smut, dem

Schornsteinfeger, und dem lächelnden Snick-Snack-Willy; Peg Swig und
Jenny Gog, die Krempen, mit Vogelkalkfingern, [5] brachten Trällerchen,
schäbig Dick, der Prinz der Balladensänger.

IV

Die Gäste, die jetzt empfangen wurden,
Das erste, was getan wurde, Sir, war, sich um den Jungen zu kümmern,
damit alle seine Muns schlagen könnten, Sir; [6]Als nächstes *blitzte es auf*, [7]
Bess warf jedem einen Blick zu und runzelte die Stirn, Sir, [8]Ehe sie zur
Kirche gingen, [9] Um es Joe taufen zu lassen, Sir.

V

Dann stapften sie fort;
Aber so eine merkwürdige Prozession voller schäbiger Krempen und
Zicklein ist weit jenseits jeder Vorstellung. Die Taufe ist vorbei, sie kehren
bald wieder zurück, [10] um einen Schoßteller zu essen, [11] bereiten Sie
vor d für diejenigen, die es nicht mögen.

VI

Bung kommt alle noch einmal zurück.
Sie haben den kleinen Joey gesabbert; [12]Dann, mit etwas zivilem Kinn,
[13] hockten sie sich teils hin, um Bohea zu trinken, teils schlürften sie
einen Schluck Gerste, [14] Als Abkürzung rauchten sie, [15]Während einige
ihr Geschwätz aufblitzten [16] Am Galgen Spaß und Scherz. [17]

VII

Zum Abendessen stand Joey da,
um diese neugierigen Kumpane zu verwöhnen. Ein Ochsenschmelz, ein
Schweinsschlund, Schafsköpfe und abgestandene Polonies. Und dann
tranken sie scharfen Gin, bis sie blind betrunken waren wie Chloe, mit
zwölf, alle gebündelt aus dem Christus. ning des jungen Joey.

[1: Mann] [2: verwirrt] [3: Trunkenbold] [4: Boxer] [5: Huren; diebisch] [6:
küss ihn] [7: Tropfen Gin] [8: gab; Mann; Frau] [9: gehen] [10: ging] [11:
Tee] [12: geküsst] [13: Worte] [14: trank Bier] [15: Tabak] [16: redete] [17:
schreiend]

DIE MASKENFÜHRER: ODER DIE WELT, WIE SIE WECHSELT
[Anmerkungen] [1789]

[Von GEORGE PARKER in *Life's Painter of Variegated Characters*].

ICH

Ihr Bs, Kreuze und Rums, die ihr diesen Tumult ausmacht;
die ihr einander wie abgestochene Schweine anstarrt und glotzt, wie Spiegel,
in denen in voller Länge
eure Torheiten so affenartig und seltsam widergespiegelt werden,
Tol de rol usw.

II

Seien Sie dabei, während ich *singe*, wie in jeder Station
das Maskieren in jeder Nation praktiziert wird: Einige maskieren sich nur
zum Vergnügen, aber viele kennen wir. Um das *Nashorn einzuschlecken*,
werden falsche Gesichter zu sehen sein. [1]
Tol de rol usw.

III

Twig-Berater reden über Gerechtigkeit und Gesetz.
Hören Sie auf, ihre Faust zu schmieren, und sie werden bald aufhören, ihre
Kiefer zu reiben; [2]Und Patrioten werden wegen ihrer Freiheit einen
Aufruhr auslösen, bis alle ihre Ziele erreicht haben und ihre Kiefer dann
still sind. Tol de rol usw.

IV

Zweig methodistische Phizzes, mit scheinheiliger Maske, [3]
Ihre Rigs beweisen, dass ihr Phiz fehlerhaft ist. [4]Zweig-schlaksiger Kiefer,
der Geizhals, dieser steinharte alte Elf, von seinem langen, mageren Phiz,
der denken würde, er wäre der Pelf. Tol de rol usw.

V

Twig levées, sie bestehen aus zeitsparenden *Gesichtern* ,
die um Interessen und Orte kriechen und schmeicheln; und auch Damen
erscheinen bei Hofe und anderswo, in geborgten Gesichtszügen, falschen
Formen und falschem Haar. Tol de rol usw.

VI

Zweigpfarrer – aber da es keines weiteren Beweises bedarf ,
schließe ich meinen Text und werde jetzt den Huf polstern; [5]
Also, ihr Edelleute und Herren, schleppt eure Fälschungen heraus, ich
nehme Bürsten oder schneide welche und danke euch obendrein. Tol de rol
usw.

[1Geld] [2Bestechung] [3Sehen] [4Methoden] [5Weggehen]

DER FLASH MAN VON ST. GILES [Anmerkungen] [geb. 1790]

[Aus *The Busy Bee*].

Ich war ein Flash-Man von St. Giles, [1]
Und ich verliebte mich in Nelly Stiles; Und ich stampfte mit dem Huf viele
Meilen lang [2], um die Stärke meiner Flamme zu zeigen: Am Strand und
bei der Admiralität hob sie die Flats auf, als sie vorbeizogen, [3] und ich
mahlte ihre Tücher von ihrer Seite clye, [4] Und dann gesungen fal de ral tit,
tit fal de ral, Tit fal de ree, und dann gesungen fal de ral tit!

II

Das erste Mal, als ich das flammende Mot sah, [5]
war am Schild des Porter Pots, ich rief nach etwas Purl, und wir hatten es
heiß, auch mit Gin und Bitter! Wir legten unseren Slang auf Hoch und Tief
ab, [6] Und wir waren entschlossen, einen Streit zu züchten, denn wir waren
beide so betrunken wie Davids Sau, [7] Und dann sangen wir Fal de Ral Tit
usw.

III

Als wir einen Fang hervorbrüllten
(es war zwölf Uhr), weckten wir die Wache, ich schnappte mir an seinem
Hals, [8] und versuchte, seine Rassel zu schnappen! [9] Aber ich verfehlte
mein Ziel und stürzte, und dann griff er mich und Nell an und brachte uns
beide in die Zelle von St. Martin, wo wir Fal de Ral Tit usw. sangen.

IV

Wir verbrachten die Nacht in Liebe,
und vor Gerechtigkeit gingen wir am nächsten Tag, und weil wir nicht drei
Schweine bezahlen konnten, [10] Warum wurden wir nach Quod geschickt?
[11] In quod lagen wir drei düstere Wochen, bis Nell vor Weinen ihre
Wangen anschwollen, und ich das Kollegium für Sneaks verdammte und
dann Fal de ral tit usw. sang.

V

Von Bridewell Bars sind wir nun frei,
Und Nell und ich sind uns so einig,
Dass wir in perfekter Harmonie leben,
Und uns satt essen und saufen! [12] Denn wir haben ein kostbares Mahl
gemacht [13] Und die Wohnungen mit den Klängen E, O
durcheinandergebracht, Jede Nacht in Titmouse Row, Wo wir fal de ral tit
singen, usw.

VI

Alle, die am Ende ihrer Weisheit leben,
beherzigen bitte diese Maxime: Verzweifeln Sie nie an der Suche nach
einem Freund, solange die Boote an Bord gebissen haben! Denn Nell und

ich haben jetzt ein Gig und sehen so großartig aus, so protzig und groß, wir rollen in jeder tüchtigen Aufmachung [14] und singen dabei „fal de ral tit" usw.

[1: Notizen] [2: ging] [3: Opfer] [4: stahl Taschentücher, Seitentasche] [5: Mädchen, Hure] [6: laut reden] [7: Notizen] [8: Perücke] [9: stehlen] [10: Schilling] [11: Gefängnis] [12: essen und trinken] [13: machte eine reiche Beute] [14: sind bei jeder Bewegung dabei]

A LEARY MOT [Anmerkungen] [*ca.* 1811]

[Eine Breitseite-Ballade].

ICH

Die alte Mog war ein schüchterner, schüchterner Kerl,
und sie war rund und dick, [1]mit Schnarren an den Schuhen, einer Schubkarre und einem Ölzeug um den Hut;ein blauer Vogelblick über schöne Molkereien – als sie durch Temple Bar sauste, [2]auf welcher Seite des Weges ich nichts sagen kann, aber sie hat es von einem Teer geklaut – [3] und gesungen: tol-lol-lol-lido.

II

Jetzt war Molls Blitzbegleiter ein Chick-Lane-Gill,
und er hatte einen Strumpfband unterhalb seines Knies, [4] Er war zweimal gezogen worden und wäre fast zurückgeblieben, [5] kam aber davon, indem er ging Meer; Mit seiner Pfeife und seinem Quid und seiner eindringlichen Stimme: „Kartoffeln!" er würde weinen; denn er schätzte weder Bucht noch Dünung,
denn er hatte einen Keil fest in seinem Cly [6]
Singen, toll-lol-lol-lido.

III

Eines Nachts gingen sie im Zeichen der Stute und des Hengstes zu einem Hühnerklub, [7] aber einen solchen Anblick hatte man noch nie erlebt, so wie Mog und ihr auffälliger Gefährte; Ihr Fleiß war eine verliebte Klinge, und er schlug die junge Bet heimlich nieder, [8] Als Mog mit ihrem Vater hochkam, knallte sie bis zum Ziel, [9] und sie machte dem Bunter ein schwarzes Auge. [10] Gesang, tol-lol-lol-lido.

IV

Das führte zu einer allgemeinen Schlägerei,
Herr, was für ein Galgenkrawall – [11]Mit Schlägen und Prügeln die ganze Nacht hindurch, bis sie „betrunken wie Davids Sau" waren – [12]Auf und ab drängelten sie sich – mit zerschmetterten Köpfen und vielen

gebrochenen Rippen, [13]Aber als der Spaß vorbei war, besoffen sie sich im netten Tom Cribb's. Singend, tol-lol-lol-lido.

[1: Frau oder Dirne] [2: Seidentaschentuch; Notizen; Paparazzi; ging] [3: gestohlen] [4: Liebling] [5: eingesperrt; deportiert] [6: Geld; Tasche] [7: Notizen] [8: geküsst] [9: Faust; direkt zur Stelle] [10: Lumpensammler] [11: große Schlägerei] [12: Notizen] [13: kämpfen]

„DIE NACHT VOR LARRY WURDE GESTRECKT" [Anmerkungen] [c; 1816]

ICH

In der Nacht, bevor Larry gestreckt wurde,
statteten ihm die Jungen alle einen Besuch ab; auch ein bisschen in ihren Säcken holten sie – Sie schwitzten ihre Klamotten, bis sie es tranken; [1]Denn Larry war immer der Junge, wenn ein Freund zum Quetschen verurteilt wurde, [2]Aber er verpfändete alle Klamotten, die er hatte, [3] Nur um dem armen Jungen zum Niesen zu verhelfen, [4] Und befeuchte seinen Tropfen, bevor er starb.

II

„Bei meinem Gewissen, lieber Larry", sage ich,
„Es tut mir leid, dich in Schwierigkeiten zu sehen, und die fröhliche Noggin deines Lebens versiegt zu sehen, und du selbst zu verschwinden wie eine Seifenblase!"
„Halten Sie in dieser Angelegenheit Ihre Zunge", sagt er;
„Für das Halstuch kümmere ich mich nicht um einen Knopf, [5] Und morgen um diese Zeit wirst du sehen, dass dein Larry wie ein Hammelfleisch tot sein wird: Alles für was? „Kase, sein Mut war gut!"

III

Die Jungen kamen in großer Menge herein;
Sie rückten ihre Stühle dicht um ihn herum, Sechs Schirme stellten sie um seinen Sarg herum - [6] Er konnte ohne sie nicht richtig aufgeweckt werden. Ich fragte mich, ob er sterbenswert wäre, ohne gebührende Reue gezeigt zu haben. Larry sagt: „Das ist alles nur in meinen Augen, und alles von den Geistlichen erfunden, um sich ein fettes Stück vom Kuchen zu verdienen."

IV

Dann wurden die Karten verlangt und sie spielten,
bis Larry herausfand, dass einer von ihnen betrogen worden war.

Schnell schlug er ihm fest auf den Kopf –
der Junge war leicht erregbar: „Also sprichst du mit mir, weil ich traurig bin!

O! Ist das, beim Heiligen, der Grund? Ich werde es dir bald sagen, du verdammter Dieb! Dass du deine Witze unangebracht machst und dir mit meiner Faust den Kopf versenkst."

V

Dann kam der Priester mit seinem Buch herein.
Er sprach so glatt und höflich mit ihm. Larry warf ihm einen Kilmainham-Blick zu [7] und warf seine große Perücke dem Teufel zu. Dann hob er ein wenig den Kopf, um einen süßen Tropfen aus der Flasche zu bekommen, und sagte mit einem kläglichen Seufzer: „Oh! Das Hanf wird sich bald um meine Kehle legen und meine arme Luftröhre zu Tode würgen!"

VI

So traurig waren seine letzten Worte, dass
wir alle unseren Tränen freien Lauf ließen. Ich für meinen Teil dachte, mein Herz brach,
als ich ihn wie eine Blume abgeschnitten sah!
Auf seiner Reise beobachteten wir ihn am nächsten Tag. Oh, der Henker, ich dachte, ich könnte ihn töten! Unser armer Larry sagte kein einziges Wort und änderte sich auch nicht, bis er zu König William kam. [8] Och, mein Lieber! Dann wurde er weiß.

VII

Als er an die Schlinge kam,
war er so ordentlich und hübsch aufgesattelt; der Wanderer sprang von seinen Füßen [9] und starb mit dem Gesicht zur Stadt. Er trat auch, aber das war nur Stolz, denn bald konnte man sehen, dass alles vorbei war; Und sobald die Schlinge gelöst war, weckten wir ihn bei Einbruch der Dunkelheit im Klee [10] und schickten ihn zum Schwitzen. [11]

[1: verpfändeten ihre Kleider] [2: Galgen oder Strick] [3: Kleider] [4: Getränk] [5: Halfter] [6: Kerzen] [7: Notizen] [8: Notizen] [9: Karren] [10: Nacht] [11: begrub ihn]

DAS LIED DES JUNGEN PÖBELS [Anmerkungen] [*ca.* 1819]

Meine Mutter, sie lebte auf Dyots Insel, [1]
Eine der kantigen Besatzungsmitglieder, meine Herren; [2]Und wenn Sie den Stil meines Vaters kennen würden, Er war der Herr-weiß-wer, meine Herren! Zuerst hielt ich Pferde auf der Straße, aber als ich als Säumiger befunden wurde, wurde er zum Lakaien für mein Fleisch, [3] So wurde es gebracht bis zum Halfter. Friske den Cly und gabele den Lappen, [4] Zeichne die Nebelklauen, [5] Sprich mit den Rasseln, sacke die Beute ein, [6] Und jage geschickt die Puppe. [7]

II

Man sagt, mein Name sei der junge Birdlime.
Meine Finger sind Angelhaken, meine Herren. Und ich habe meine Lektüre
rechtzeitig gelernt Ich schlendere, ziehe einen Rockschößchen fein, sicher
kann ich es nicht.
So klein ist mein Faible. [10]
   Chor. Frisk the Cly usw.

III

Ich bin oft ein Nachtvogel im Käfig, [11]
aber mein Rumgesang versagt nie, meine Herren; die Sinne des Seemanns
müssen geweckt werden, [12] während ich ihm das Bein abnehme, meine
Herren; [13] Es gibt keinen Jungen, der so leicht und ausgelassen ist, [14]
den saubersten Angler auf dem Platz [15] bei Tageslicht oder im Dunkeln.
[16] *Refrain* : „Durchsucht den Kly usw.“

IV

Und obwohl ich nicht kapital arbeite, [17]
und wiegen Sie mein Gewicht nicht, meine Herren; Wer weiß, ob ich es
nicht mit der Zeit tun werde, denn es gibt kein seltsames Schicksal, meine
Herren. [18] Wenn ich nicht nach Virgin-nee zurückgelassen werde, [19]
werde ich vielleicht eine Tyburn-Show, [20] vielleicht ein erstklassiger
Einbrecher, [21] oder gehe auf die High Toby. [22] *Refrain* : Frisk the Cly
usw.

[1: Notizen] [2: Bettler] [3: Droschke] [4: eine Tasche stehlen, Geld oder
Banknoten erbeuten] [5: geschickt Taschentücher stehlen] [6: eine Uhr
stehlen, die Beute einstecken] [7: Taschenbücher stehlen] [8: Notizen] [9:
ein beabsichtigter Raubüberfall] [10: geschickt ist meine Hand] [11:
einsperren] [12: Gefängniswärter] [13: weglaufen] [14: ausgelassen] [15:
erfahrener Taschendieb] [16: Nacht] [17: Notizen] [18: überlisten] [19:
deportiert [Notizen]] [20: gehängt werden] [21: Einbrecher] [22: ein
Straßenräuber werden]

Das Mühlenspiel [Anmerkungen] [1819]

[Von THOMAS MOORE in *Tom Cribs Memorial to Congress* : – „Bericht
über den Mühlenkampf zwischen Entellus und Dares, übersetzt aus dem
fünften Buch der Aeneis von One of the Fancy“].

Mit hoch erhobenen Armen und zurückgehaltenem Kopf [1]
standen beide Jungen in furchtbarer Vorahnung des bevorstehenden
Schlags da – und entfachten mit vorausschauendem Sparring [2] und
leichten Manövern den Krieg! Der eine in der Blüte seiner Jugend – ein
leichtes Schwert – der andere riesig, gigantisch, als sei er

von Natur aus zum Hämmern geschaffen; [3]
aber gealtert, langsam, mit steifen Gliedern, die sehr wankten, und Lungen,
denen die Berührung eines Blasebalgflickers fehlte. Doch munter kamen
beide Puffer zum Einsatz, [4] während Rippen von jedem hallenden
Rahmen klangen und man auf ihren breiten Brotkörben verschiedene
Schläge und manch schweres Fell hörte und fühlte. [5] Mit
umherschweifender Zielgenauigkeit, die aber selten verfehlte, flogen häufige
Faustschläge mit Kugeln und Ochsen; [6] Während ein Hagel von Schlägen
so tödlich wirkte, dass die zerschmetterten Kieferknochen beim Fallen
knackten! Doch Entellus stand fest – und immer noch hellwach, obwohl
vom Alter gebeugt, mit all dem Licht der Fantasie. [7] Er stoppte mit
Geschick und erholte sich mit einem Feuer, das nur die unsterbliche
Fantasie entfachen konnte! Während Dares sich mit nachdenklichen
Blicken umdrehte. Er suchte nach einer Öffnung zum riesigen Kadaver der
Bucht (wie General Preston in jener schrecklichen Stunde, als er auf einem
Bein hüpfte, um – den Turm einzunehmen!), und erkundete hier und da mit
flinken Flossen und geschickten Finten einen ungedeckten Durchgang, um
sich zu erobern und sich als langweiliger Gast zu erweisen, wenn er einmal
hineingelassen wurde. Und jetzt hob Entellus, mit einem Auge, das
Straftaten plante, seine schwere Hand hoch; Doch bevor der Schlitten
herunterkam, erspähte der junge Dares dessen Schatten auf seiner Stirn und
glitt zur Seite – so flink glitt er aus, dass der eitle Knecht durch leere Luft
raste; und Er, so hoch, so gewaltig, der den Schlag ausführte, donnerte zu
Boden! – Nicht B-ck-gh-m selbst, mit widerspenstigerem Geräusch,
entwurzelt vom Feld der whiggistischen Herrlichkeiten, fiel vor kurzem
unter die erstaunten Tories! Augenblicklich war der Ring zerbrochen, und
Rufe und Gebrüll von trojanischen Blitzmännern und sizilianischen Wellen
erfüllten den weiten Himmel – während, gerührt von Kummer, sein durch
viele Lerchen und Saufereien wohlbekanntes Leichentuch zu sehen, [8] so
rumpelnd niedergestreckt, der freundliche Ascestes rannte, [9] und voller
Mitleid den mutigen alten Mann von der Erde erhob. Unbeeindruckt und
unversehrt kam er zum Sport, seine Glieder ganz aus Muskeln und seine
Seele ganz aus Flammen. Die Erinnerung an seine vergangenen
Ruhmestaten, [10] Die Schande, dass ihn nur der Tod fallen lassen konnte.
Der Mut des Veteranen wurde entfacht –
er wurde von Wut gerötet, voll auf seinen leichtfüßigen Kunden zugestürzt
–

und hämmerte mit schwerem Schwung nach rechts und links [11] wie ein
Raufbold den taumelnden Jungen durch die Manege – Weder Ruhe noch
Pause noch Verschnaufpause wurden gewährt, sondern so schnell wie der
prasselnde Hagel vom Himmel auf die Dächer einprasselte, fielen die
Regenschauer von Randalls Kugeln pfefferheiß um die Ösen des Trojaners!
Bis jetzt stürzte sich Aeneas, erfüllt von ängstlicher Furcht, zwischen sie

und bewahrte mit wohlerzogenen Worten den Frieden und Dares' Kopf,
die der Veteran gern gebrochen hätte. Dann sprach der bestrafte Jüngling
freundlich: „Armer Johnny Raw! Welcher Wahnsinn könnte eine so üble
Wohnung dazu bringen, sich einem so großartigen Prunk zu stellen? Siehst
du nicht, Junge, dass die himmlische Fantasiejungfrau selbst diesem großen
Hammermeister zu Hilfe kommt und ihn von all ihren Anbetern des Blitzes
aussondert, in seinen Schlägen glänzt und in seinen Schlägen donnert?
Dann gib dich hin, Jüngling, und sei nicht so ein Löffelchen, dass du
denkst, ein bloßer Mensch könne eine Gottheit mahlen!" So sprach der
Häuptling – und nun, nach dem Gedränge, trugen seine treuen Kumpel, der
angeschlagene Dares, mit wackelnden Beinen, eingefallenem Herzen und an
jeder Stelle rosaroten Armen und Näpfen zurück nach Hause. Während aus
seinem Maul der gluckernde Rotwein strömte [12] und viele Mühlsteine aus
ihren Höhlen zermalmt [13] und mit der purpurnen Flut in klirrenden
Bruchstücken hervorstürmten!

[1: Hände; Kopf] [2: Kerle, normalerweise junge Kerle] [3: Faustkampf] [4:
Männer] [5: Mägen] [6: Ohren und Augen] [7: [Anmerkungen]] [8: Freund;
herumtollen] [9: schwer] [10: kämpfen] [11: Schläge austeilen] [12: Blut] [13:
Zähne]

JA, HALLO, MEINE HERZEN! [1819]

[Aus MOORES *Tom Crib's Memorial to Congress* : – „Gesungen von Jack
Holmes, dem Kutscher, bei einem Maskenball in St. Giles, in der Rolle des
Lord C—st—e—on … Dieses Lied wurde von Mr. Gregson usw. für ihn
geschrieben."].

ICH

Zuerst wurde ich angeheuert, um *einen Hack* [1] zu binden
, den sie vor einiger Zeit „The Erin" nannten, wo ich bald lernte, *Flash zu
streicheln* , [2]
die Titten zu zügeln und die Peitsche zu spitzen – [3] was *dem Meister von
The gefiel Crown*
So viel, er hat mich in die Stadt geschickt und mir
jede Menge Pfund *pro Jahr* gegeben , [4]
um hier die „Verfassungen" *auszuarbeiten* . [5]
Also, ihr Lieben, hier bin ich, der die Constitution Fly antreibt.

II

Manche fragen sich, wie die Fliege das aushält,
so verfault ist sie innen und außen; so beladen durch dick und dünn, und
mit so *schweren* Kreaturen drinnen.
Aber, Herr, sie wird unsere Zeit überdauern – oder wenn die Räder ab und

zu steif werden sollten, ist Palmöl das Mittel, das, wenn es fließt, [6] die Naben und Felgen in Bewegung setzt. Also, hip, *Herzchen* ! usw.

Drittes Kapitel

Manche fragen sich auch, ob die *Titten* , die
dieses *komische Geschäft* so voll ziehen,
niemals *zurückweichen* oder *durchgehen* oder
die Ladung und den Fahrer zu Old Nick treten sollten. Aber keine Angst, die Rasse ist, obwohl britisch, jetzt nicht mehr *wild* oder schreckhaft; außer manchmal um ihr Getreide herum. Tamer *Houghnhums* wurden nie geboren.
Also, ihr Hippen, *Hearties* usw.

IV

Und dann reiten wir so gesellig! –
Während einige drinnen gemütliche Plätze haben, hoffen andere, bald dort zu sein. Durch viele schmutzige Straßen *bleib dran* .
Und wenn wir eine schmutzige Stelle erreichen (davon gibt es jede Menge, Gott was), würdest du lachen, wenn du sehen würdest, mit welcher Miene wir die Spritzer *aufnehmen* – jeder seinen Anteil.
Also aufgepasst, *Hearties* ! usw.

[1: eine Mietkutsche fahren] [2: Umgangssprache] [3: Pferde; Peitsche] [4: Geld] [5: Antrieb] [6: Geld]

SONette FÜR DIE FANTASIE: NACH DER ART DES PETRARCA [Anmerkungen] [*c.* 1824]

[Aus *Boxiana* , iii. 621. 622].

Ausbildung.

Dick Hellfinch war einst ein Verbindungsjunge, und er war ein Grinser . In Charing Cross war er lange Zeit seiner Arbeit nachgegangen. „Hier Licht, hier Licht! Euer Ehren für einen Sieg", [1] rief er laut zu jedem Ausreißer und jeder Träne. [2] In Leicester Fields, wie die meisten Geschichten wissen, „Kommt, Euer Gnaden, für ein einziges Magazin", [3] und während er seine Nelly putzte, saugte er an der Tüte, [4] und so stapften sie manchmal eine kostbare Runde. [5] Auch in Smithfield, wo die Weiden der Viehzüchter zusammenkamen, lungerte er herum, um Geld zu verdienen. Mit Karten und Würfeln war er bei jedem Sport dabei und machte bei der Saltpetre Bank eine gute Figur. Dick Hellfinch war ein sehr schlauer Bursche in jeder Bande, [6] und der Beste aller Slang-Leute. [7]

Fortschritt.

Seine Nell saß auf den Stufen von Newgate und kratzte sich am Kopf. Ihre Augen waren mit Tränen überströmt und mit Gin bespritzt Wissend, dass Bank ihren Summer seltsam gekippt hatte, [8] Denn Dick hatte den Huf auf dem Pad geschlagen, Of Field oder Chick-Lane – war der kühnste Junge, der jemals den Cly gemahlen oder den Blick gerollt hat. [9] Und mit Nell hielt er ein Schloss, um zu umzäunen und zu bewachen, und während sein flammendes Mot auf der Laie war, tauchte und summte Dick mit rollenden Kindern, und das Knacken von Kens endete jeden Tag; [10] Aber der launische Glückspilz, der immer am Lenkrad war, drehte ein Gummi auf, damit diese Klugheit es spürte.

Triumph.

Beide umringen die Wohnungen, die sich um den Quod versammelt haben, [11]
Das Queerum ist seltsamerweise mit schmutzigem Schwarz beschmiert; [12] Der Dolman erklingt, während der Sheriff nickt, Bereite den Umschalter vor, den Schlag tot zu machen, Während in einem Rasseln zwei Blowens aufblitzen, [13] Salztränen strömen schnell aus jedem Bungy-Auge; Um den Ticker festzunageln oder den Cly zu mahlen [14] Durch dick und dünn plätschern ihre geschäftigen Maulkörbe,
Die Mots beklagen sich über Tyburns fröhliches Umherstreifen,
Dass sprudelnde Prigs am New Drop fallen müssen, [15] Und von Anfang an die Schurken werden zu Hause beschnitten; alle im Bilderrahmen des Sheriffs der Ruf [16] Hoch erhoben trennte sich Dick von seiner Flamme, und alle seine Kameraden schworen, dass er sterben würde.

[1: Penny] [2: Mann; Frau] [3: halber Penny] [4: das Geld ausgegeben] [5: viel Geld verdient] [6: netter Kerl] [7: zB Studentenverbindung] [8: den Taschendieb verurteilt] [9: Taschendiebstahl] [10: Einbruch] [11: Tor] [12: Galgen] [13: Trainer; Frauen] [14: eine Uhr stehlen; eine Tasche stehlen] [15: Newgate] [16: Henkersstrick]

DER WAHRE BOTTOM'D BOXER [1825]

[Von J. JONES in *Universal Songster*, ii. 96]. Arie: „ *Oh! Nichts im Leben kann uns traurig machen.* "

ICH

Spring ist der richtige Junge für eine Moulsey-Hurst-Ausrüstung, meine Jungs.
Eine Flosse schütteln und eine Pastete mahlen. Einen Kopf zu lügen ist ein ganz ausgezeichneter Job, meine Jungs. Den Teig kneten ist ein Staatsakt. Ihm den Rotwein anzuzapfen ist ein Vergnügen, Bauchklopfen und Klappern der Klappe. Denn wo gibt es so viel Freude wie beim Kämpfen und beim Abmessen von Krügen für einen Kanzleijob: Mit Flippern und

Mahlen und Lügen und Kopfschütteln, Mit Bauchklopfen und Teigkneten, Mit Rotweinanzapfen und Klappern und Klappern. Sagen Sie, was Sie wollen, Sie müssen zugeben, er ist der Richtige.

II

Der Frühling ist der Junge, wenn es darum geht, es niederzuschlagen und zu spülen,
zu schlagen und anzuhalten, vorwärts und zurückzugehen, um zu nehmen und zu geben, um es zu bekämpfen und zu beschleunigen, und er wird nie genug sagen, bis er völlig am Boden liegt. Kein Überqueren für ihn, wahrer Mut Und im Endeffekt wirst du ihm einen Rum besorgen, den du anprobierst, wenn du kannst. Ihr schüchternen Schwänzen, er erweist ihnen keinen Gefallen, oder verrottet sie alle. Wenn er kämpft, versucht er, seinen Mann zu erreichen; mit Geben und Nehmen, Schlagen und Flushen, Mit Schlagen und Stoppen, Huzza zum Ring, Mit Kanzleianzug und Sparring und Rushing, Er ist der Champion des Ruhms und der Männlichkeit der Frühling.

III

Der Frühling ist der Junge für den Rum, der hin und her geht, der ihn zerschmettert und schneidet und ihn nach Osten und Westen kippt, und ihn manchmal zurückschlägt. Er ist für den Kratzer da und kommt auch rechtzeitig hoch; für das Verpflegungsamt ist er kein Gefallen Ich werde es fragen, für Riecher und Ogel fühlt er sich genauso; beim Pipkin, um zu zeigen oder den Brotkorb umzuwerfen, ist er immer in der Luft und macht sich auf den Weg zum Spiel; mit Gehen und Kippen und Grundieren und Timing Bis er benommen und seltsam ist, geradeaus das Rig; Mit Augen und Riechern, ohne Pfeifen und Läuten, Du wirst zugeben, dass er der Junge ist, der immer im Zweig ist.

BOBBY UND SEINE MARY [Notizen] [1826]

[Von *Universal Songster* , iii. 108].
Melodie – *Dulce Domum* .

In der Dyot-Straße stand ein Schnapsladen, [1] der
oft von müden Fußstapfen aufgesucht wurde und lange Zeit der gesegnete Aufenthaltsort von Bobby und seiner Mary gewesen war. Für sie klopfte er jeden Abend die Hufe, [2] und den Kies Steuereinzug [3]Für sie hat er nie die Nase vorn gelassen. Obwohl Fallen versuchten, ihn zu entdecken; [4] Als Darkey kam, suchte er sein Zuhause, während sie völlig abgelenkt war. [5] Sie begrüßte seinen Anblick, und jede Nacht ertönte die Schnapsglocke, während sie sangen: „Oh, Bobby und seine Mary."

II

Doch bald
verwandelte sich diese Szene des gemütlichen Getues in merkwürdige
Aussichten. Der stumpfe lief aus, und Bobby putzte sich, [6] ohne Angst,
mehr Lumpen zu bekommen; [7] schnell eilte er nach Islington, dort fiel
ihm ein Reisender auf; die Fallen waren flink, sie erspähten seine
Ausrüstung [8] und bald platzten sie auf Rüschen. [9]
Als es Abend wurde, suchte er nicht nach Hause,
während sie, die arme dumme Frau, in dieser Nacht betrunken wurde, [10]
Oh, sah seinen Kobold, dann hörte er die Totenglocke, die Abschied nahm!
Dann hörte er die Totenglocke von St. Pulchre! [11] Jetzt baumelt er auf
dem Gemeindeland.

[1: Notizen; Bierstube] [2: herumlaufen] [3: Passanten ausrauben] [4:
Polizei] [5: Mädchen] [6: Geld; ging weg] [7: Notizen oder Gold] [8:
Gegenstand] [9: Handschellen] [10: betrunken] [11: Notizen]

FLASHEY JOE [Anmerkungen] [1826]

[Von R. MORLEY in *Universal Songster*, ii. 194].

ICH

Als Flashey Joe eines Tages so fröhlich wie ein schreiender Fisch durch die
Straßen Londons ging
, erspähte er ein Mädchen. Das war Tothills ganzer Stolz, die süße Molly! Er
wischte sich den Becher mit Vogelaugenblau ab. [1] Er rief: „Komm, mach
deinen eigenen, lieben Joe fertig." [2] Sie wandte sich ab, ach! Das ist wahr.
Und brüllte: „Hier sind lebende Makrelen, oh! Vier Schilling, Makrelen, oh!
Alle lebendig, oh! Neue Makrelen, oh."

II

Sagte ich: „Miss Moll, geben Sie diesem Spiel kein Trinkgeld, [3]
Sie wissen, wie es nicht geht; für Sie habe ich den Blitz-Müllmann Sam
gemahlen [4], der Ihre Peeper schwarz und blau gemacht hat. [5] Vhy,
Dann hast du geschworen, dass du freundlich sein würdest. Aber du hast in
letzter Zeit so viel queer gemacht, [6]und sich ständig verändert wie der
Wind, also werde ich jetzt meinen Schlittschuh bürsten und verkaufen." [7]
Kaufe meinen Schlittschuh usw.

III

:

„Warum behandelst du mich schlecht, Joe? Du weißt
, ich liebe dich wie mein Leben!
] Und bin mit ihr in Quod gezogen! Hier ist Makrele usw.

IV

Ich konnte mich nicht von ihr trennen, verstehst du?
Also sagte ich zu Moll, sie solle aufhören zu jammern. [11] „Deine
keuchenden Brüste und deine glitzernden Augen [12] lassen mich dich wie
den Teufel lieben." „Also, dann", sagte sie, „komm und schenke deinem
Vater ein Trinkgeld, [13] und lass uns einen Schluck Gin trinken, und möge
ich an dem harten Hering ersticken, wenn ich meinen Joe Herring
verzichte." Vier Schilling usw.

[1: Mund; Seidentaschentuch] [2: Kuss] [3: so reden] [4: kämpften] [5:
Augen] [6: sich seltsam benommen] [7: weg sein] [8: zur Geliebten nehmen]
[9: Gefängnis] [10: gehen] [11: weinen] [12: Paparazzi] [13: Hände schütteln]

MEINE ÜBERFALLENDE MÄDCHEN [Anmerkungen] [1826]

[Von JAMES BRUTON. *Universal Songster*, iii. 103].

ICH

Warum liegst du in diesem Graben, so behaglich,
mit Schmutz und Schmutz befleckt [1]mit Haaren, die ganz an deiner Nase
herunterhängen [2] meine überfallende Magd?II

Sag, überfallender Moll, warum dieses rote Tuch, [3]
das mich oft bestürzt hat, warum es jetzt so stumm im Magazin ist, [4]
meine überfallende Magd?

II

Warum stiehlt der Schnaps durch deine Schnauze, [5]
mit Maulbeerblüten, und warum stiehlt er den Schluckauf aus meiner
überfallenden Magd?

IV

Warum ist dein Krug so blass und blau? [6]
In Schlamm und Dreck steckst du. Sag, was ist jetzt mit dir los, meine
überfallende Magd?

V

Die Flasche, die in ihrer Familie auftauchte, [7]
Das Schnarchen, das ihr Mann verriet, [8] sagte mir, dass Hodges Max
verärgert war, [9] meine überfallende Magd.

[1: Notizen] [2: Ohr] [3: Zunge] [4: Sprache] [5: Trinken] [6: Mund] [7:
Hand] [8: Nase] [9: Notizen; habe die Oberhand gewonnen]

ARMER LUDDY [Anmerkungen] [geb. 1826]

[Von T. DIBDIN. *Universal Songster*, Vol. iii].

Als ich den Strand hinunterging,
Luddy, Luddy, Ah, armer Luddy, IOAs, als ich den Strand hinunterging,
Die Fallen, die sie mir aus der Hand schnappten [1] Luddy, Luddy, Ah,
armer Luddy, IO Während ich ging , usw.

Sagte ich, gütige Gerechtigkeit, verzeihen Sie mir,
Luddy, Luddy, Ah, armer Luddy, IOSaid, ich, gütige Gerechtigkeit,
verzeihen Sie mir, Oder Botany-Bay, ich werde Luddy bald sehen, Luddy,
Ah, armer Luddy, IO, sagte ich, gütige Gerechtigkeit , usw.

Sitzungen und Größen rücken näher,
Luddy, Luddy, Ah, armer Luddy, IOSSitzungen und Größen rücken näher,
mir wäre es lieber, wenn du aufgehängt würdest als ich. Luddy, Luddy, Ah,
armer Luddy, IO Sitzungen und Größen, usw.

[1: Polizei; verhaftet]

DER CHAUNT DES TASCHENPOCKETS [Notizen] [1829]

[Von W. MAGINN: eine Übersetzung von Vidocqs Lied „En roulant de
vergne en vergne"].

ICH

Als ich von Ken zu Ken ging, [1]
drehte ich ein bisschen auf dem Prigging-Lay, [2] wen sollte ich treffen,
wenn nicht einen lustigen Blown-On, [3] Tol lol, lol lol, tol dirol Lay; wen
sollte ich treffen, wenn nicht einen lustigen Blown-On, der auf die
Tageszeit eingestellt war. [4]

II

Wen sollte ich treffen, wenn nicht einen lustigen Blödmann,
der auf die Tageszeit eingestellt war, ich huschte wie ein Schwarm, der es
wusste, [5] Tol, lol, usw. „Ja, Junge oder Schmuddel, sage ich?" [6]

Drittes Kapitel

Ich plapperte blitzschnell wie ein Schwarm, wissend:
„Ja, Junge oder Schlampiger, sage ich?" „Es fließt eine Menge Geschwätz",
sagt sie. [7] Tol, lol, usw. Nimm mich mit, so wie ich es von der Familie tue.
[8]

IV

Es fließt jede Menge Zeug, sagt sie.
Nimm mich mit, wenn es um die Familie geht. Vielleicht hast du ein

Kinderbett zum Verstauen. Tol, lol, usw. Willkommen, mein Kumpel, wie
die Blumen im Mai.

V

Sie können eine Krippe zu verstauen,
Willkommen, mein Kumpel, wie die Blumen im Mai.Zu ihrem ken sofort
gehe ich in Tol lol, etc.Wo in einer Ecke aus dem Weg,

VI

Ich gehe sofort hinein, um sie zu sehen.
In einer Ecke abseits vom Weg, mit seiner Nase eine Trompete blasend [9]
Tol, lol, usw. Eine richtig schöne Bucht, üppig gelegen. [10]

VII

Mit seiner Riechhilfe bläst er in eine Trompete,
eine üppige Bucht mit regelmäßiger Dünung, ich werfe meine Haken in
seine Klammern [11], Tol, lol usw. und räume seine Drachen mit dem
Halsband weg. [12]

VIII

Zu seinen Haken werfe ich meine Haken
und reiße seine Drachen vom Halsband weg. Dann setze ich seinen Ticker
fort, [13] Tol lol usw. Und seine Zwiebeln, seine Kette und seinen
Schlüssel. [14]

IX

Dann habe ich seinen Ticker in Gang gesetzt,
und seine Zwiebeln, seine Kette und seinen Schlüssel. Als nächstes rutschte
er von seinem Po-Umhang, Tol lol usw. Und sein rotbrauner Haaraufsatz
war schwul. [15]

X

Als nächstes schlüpfte er von seinem Hintern
und seinem rotbraunen Kopfschmuck. Dann seine andere Kleidung
verstauen, [16] Tol lol usw. Alles mit der Beute, die ich davonschleiche. [17]

XI

Dann verstaut er seine anderen Klamotten.
Alles mit der Beute schleiche ich mich davon. Trampeln Sie es, trampeln Sie
es herum, mein Jolly Blowen, Tol lol usw. Oder lassen Sie sich von den
Schnäbeln packen, die wir vielleicht haben. [18]

XII

Trampelt, trampelt, mein fröhlicher Wind
, sonst werden wir von den Schnäbeln gepackt. Und wir werden auf Fersen
und Zehen herumhüpfen, Tol, lol, usw. Eines schönen Tages eine
Newgate-Hornpipe. [19]

Dreizehnte

Und eines schönen Tages werden wir auf Zehenspitzen und Fersen
herumhüpfen.
Auf einer Newgate-Hornpipe, während die Motten ihre Augen werfen [20],
Tol lol usw. und der alte Cotton sein Gebet summt. [21]

XIV

Mit den Mots, die ihre Ogles werfen,
und dem alten Cotton, der sein Gebet summt, und den Fogle-Jägern, die
Tol lol machen, usw. Ihr Morgen-Fake in der Prigging-Lyrik.

[1: Geschäft; Haus] [2: Diebstahl] [3: Mädchen, Dirne, Liebling] [4: süß im
Geschäft] [5: sprach im Slang] [6: Getränke und Essen] [7: Gepäckträger,
Bier] [8: Familie = Bruderschaft der Diebe] [9: Nase] [10: Gentleman;
Betrunkener] [11: Taschen; Finger] [12: ihm seine Sovereigns wegnehmen]
[13: Uhr] [14: Siegel] [15: Hut] [16: Kleidung] [17: plündern] [18:
genommen; Polizei] [19: hängen] [20: Mädchen; Augen] [21: Notizen]

ÜBER DAS PRIGGING LAY [Anmerkungen] [1829]

[Von HT R....: eine Übersetzung eines französischen Slang-Liedes („Un
jour à la Croix Rouge") in Vidocqs *Memoiren*, 1828-9, 4 Bände.]

ICH

Zehn oder ein Dutzend „Hähne des Wilds", [1]
kamen auf dem Weg zum Blitzhaus, [2] saftige blaue Ruinen und schwere
Nässe [3] bis zur Dunkelheit, als der Flaum unterging. [4] Alle tapsten los
und begannen die Jagd nach Lesern, Schwätzern, alten Knackern oder
stumpfen Leuten. [5]

II

Was auch immer wir an Beute erbeuten, [6]
alles, was ins Netz kommt, ist Fisch: Passen Sie auf und ziehen Sie den
Bauerntölpel an,
stören Sie die Leute nicht und behandeln Sie sie nicht schlecht.
Halten Sie Ausschau, wenn die Schnäbel in der Nähe sind, [7] und
schneiden Sie Ihren Stock ab, bevor sie fliegen. [8]

Drittes Kapitel

Als ich den St. James's Park überquerte,
begegnete mir ein Wellengang, ein gut gekleideter Funke. [9]Ich blieb ein
wenig stehen, dann watschelte ich schneller, denn ich hatte sein Lesegerät
gestochen, seinen Zeiger gezogen. [10]Dann ruft er: „Haltet den Dieb!",
denke ich, mein Herr, das ist ein Hinweis für mich, schneller zu waten. [11]

IV

Als zwölf Glocken läuteten, kehrten die Prigs zurück, [12]
und klopften an den Ken von Onkel ——: [13] „Onkel, öffne die Tür deiner
Krippe, wenn du die Beute teilen oder einen Dib haben möchtest." [14]
Zieh schnell den Bolzen deines Kens, sonst geben wir kein Magazin aus,
alter –." [15]

V

Dann sagt Onkel, sagt er, zu seinem Blashund, [16]
„Hast du diese Buchten besiedelt, mein Mot weiß das so? [17]Sind sie
absolute Außenseiter, Liebling? [18] Sind sie Nebeljäger, oder? Cracksmen
sind misstrauisch? [19]Sind sie Buchten des Ken, weißt du?

VI

"Oh! Ich kenne sie jetzt. Gib mir meine Hosen aus.
Ich bin immer auf der Suche nach Geschäften. Das ist ein Grund, warum
ein Mann zu jeder Stunde aufstehen sollte, um das Wohl seines Hauses zu
gewährleisten. Am frühen Morgen, alle guten Dinge sind gut. [21] Und für
das, was Sie wollen, bitte ich Sie, vorbeizukommen."

VII

Doch nun sind die Schnäbel auf der Bildfläche erschienen, [22]
und beobachteten im Mondlicht, wohin wir gingen. Sie stapften mit uns in
den Wald, [23] und fielen über uns alle her. Und dann – wen sollte ich
erspähen, wenn nicht den aufgeweckten Funken, [24] den ich im St. James's
Park aus dem Gefolge befreite? [25]

VIII

Es gibt eine Zeit, sagt König Sol, zum Tanzen und Singen;
Ich weiß, es gibt eine Zeit für etwas anderes: Es gibt eine Zeit zum Pfeifen
und eine Zeit zum Jammern – ich wünsche allen Charlies und Schnäbeln
beim Dive: [26]Denn sie haben mich auf dem Prigging-Platz gepackt, und
ich weiß, dass ich ausgebucht bin für Bot'ny Bay. [27]

[1: Taschendiebe] [2: Diebesspiel; Rendezvous der Diebe] [3: Gin trinken;
Portier] [4: Abend; Sonne] [5: Taschenbücher; Uhren; Taschentücher; Geld]

[6: Plündern] [7: Polizei] [8: rennen; bevor sie dich sehen] [9: gut gekleidet]
[10: seine Handtasche und seine Uhr gestohlen] [11: rennen] [12: Diebe]
[13: Haus] [14: Plündern; Münze] [15: gib dir einen halben Penny] [16: Frau]
[17: bekannt; Männer; Herrin] [18: vertrauenswürdig] [19: Taschendiebe;
Einbrecher] [20: unserer Bande] [21: ein fröhlicher Gruß] [22: Polizei] [23:
sah uns gehen] [24: Dandy] [25: der Plünderung beraubt] [26: Polizei und
Richter] [27 : transportiert]

Die Klage der Lag [1829]

[Von HTR in *Vidocqs Memoiren* , Band III. 169].

ICH

Glücklich waren die Tage, als ich meiner üblichen Arbeit als Hausiererin
nachging
und [1] mit diesem und jenem und jenem ein ordentliches Leben ohne jede
Sorge führte: Als mein kleines Kämmerchen mit Krimskrams vollgestopft
war [2] und mein Cly ein mit einem Schleier ausgekleideter Geldbeutel war,
[3] war ich fröhlich, denn ich fürchtete kein Übel, scheute mich vor nichts
und überließ alle Sorgen dem Teufel.

II

Ich hatte neben meinem Blunt meine geblasene Zigarette, [4]
„So lustig, so verrückt und so wissend" [5] Von dem allerbesten Essen, von
dem wir lebten, [6] Und ich gab sechs Pence pro Viertel für Gin; Mein
Toggs war der sportlichste Blunt, den man kaufen konnte, [7] Und ich war
durch und durch ein Säufer. Mit meinem Mot auf dem Arm und meinem
Ziegel auf dem Kopf, [8] „Das ist ein Juwel", sagte jeder von ihnen.

Drittes Kapitel

Als ich in der Nacht von Wauxhall wegkam,
räumte ich eine verschwommene Bucht ganz aus; [9]
Er war ein stolzierender Avay wie ein König,
und an seinem Finger trug er einen Ring, eine Diamant-Wunderkerze,
blitzend und wissend, denkt ich, ich werde aufpassen, wohin er geht, und
meinen Edelstein sauber scheren und klug, also werde ich zumindest mein
Bestes geben.

IV

Nachdem das Singen und Feuerwerk zu Ende war,
folge ich meinem Gemman auf dem Weg, den er gepflegt hat. In einer
dunklen Ecke stolpere ich über seine Fersen, dann fühle ich für seinen
Tattler und Leser, [10] ich stecke seinen Blunt ein und Ich ziehe seinen

Ring, [11] spanne seine Schnallen und alles andere und sage: „Ich denke, du kannst nicht folgen, Mann", und führe mich zu Ikey Soloman. [12]

V

Dann geschah es, siehst du, dass meine Mutter
ein wenig über die Beute nachdachte, die ich hatte, und dachte, ich müsste höhnen und lachen, obwohl ich nie Spreu trinke. [13] Sie versuchte sich an dem flauschigen Trick und den Besserwissern in einem Laden, aber sie rief nur schnell: „Haltet den Dieb!", und sie wurde erwischt, ich rannte und rettete meine Haut.

VI

"Dann", sagt er, sagt Sir Richard Birnie, [14]
"rate ich Ihnen, Ihre Kumpels zu beschnüffeln und den [15]Snitch auf die Bande loszulassen, das wird der beste Weg sein, [16] Ihre Haut zu retten."
Dann, ohne zu zögern, [17]ging er so arg auf das heimtückische Biest los, dass es von dem Bow St. Sarmint zerquetscht wurde. [18] Dann packten sie mich mit den Schnäbeln und ich wurde ins Gefängnis geschleift. [19] Und vierzehn Jahre meines Lebens musste ich dort verbringen. [20]

VII

Mein Motiv muss jetzt alt werden,
und wenn ich ehrlich bin, bin ich es auch. Aber der einzige Weg, in der Welt voranzukommen, ist, mit dem Strom zu schwimmen und wie auch immer wir uns drehen, alle Strapazen zu ertragen; und Ven ve leiden.
Auf die glatte Ven ve zu hoffen, fühlt sich rauer an.
Auch wenn es sehr schwer ist, ich gestehe, es scheint, als würde man aus Spaß vierzehn Jahre zurückbleiben.

[1: Taschendiebstahl] [2: Plünderung] [3: Tasche] [4: Geld; Herrin] [5: Notizen] [6: Essen] [7: Kleidung; Geld] [8: Hut] [9: betrunken] [10: beobachten; Taschenbuch] [11: steckt sein Geld ein] [12: weggerannt] [13: sich auf Scherze einlassen] [14: Notizen] [15: informieren] [16: verraten] [17: Hals] [18: überreden] [19: Polizei; verhaftet] [20: transportiert]

„NIX MY DOLL, PALS, FAKE AWAY" [Notizen] [1834]

[Von W. HARRISON AINSWORTH, als Jerry Junipers Gast in *Rookwood*.]

In einem Steinkrug wurde ich geboren, [1]
als einsames Kind einer hanfbesetzten Witwe, [2] täuscht euch! [3] Und mein Vater, wie ich gehört habe, war ein lustiger Kapernhändler, [4] der seinen letzten Flirt mit großem Beifall beendete. Verschwindet meine Puppe, Freunde, täuscht euch! [5] Bis zur Zeit des herzhaften Würgens mit Kapernsauce. [6] Täusche mich! Meine Scholastiker spielten die

Fingerknöchel in Quod, [7] Täusche mich! Und brachte mich auf die Tageszeit, [8] Bis zuletzt keiner mehr da war, der es so wusste, Kein solcher Schleicher oder Buzgloak ging, [9] Täusche mich! Nebel und Rehkitz machten sich bald auf den Weg, [10] Täusche mich! Zur Tülle mit den Niesern in großer Aufstellung, [11] Kein falscher Jäger hatte so fliegende Gabeln, [12] Kein so geschickter Fingerknöchel konnte einen Cly vortäuschen, [13] Täusche mich! Kein übler Kerl konnte meine Schnepfen abwehren, [14] Täusche mich! Keiner schnappt sich einen Leser wie ich im Lied. [15]Bald stieg ich dann in prächtiger Straßenhöhe auf,Nix meine Puppe, Freunde, täuscht weg!Bald stieg ich dann in prächtiger Straßenhöhe auf.Und zeigte meine auffälligsten Klamotten, [16] täuscht weg!Fast entschlossen, mein Heu zu machen, täuscht weg
!

Während Merkurs Stern einen einzigen Strahl aussendete;Und nie wurde dort ein so schneidiger Prüder gesehen,Mit meinem Strummel, der im neuesten Zweig gefälscht war, [17] täuscht weg!Mit meinen schmeichelhaften Fämmchen und meinen fröhlichen Zwiebeln, [18] täuscht weg!Mein Fingerhut aus Kamm und meine Driz Kemesa, [19]Alle meine Klamotten waren so nippelartig und plätschernd. [20]Die seltsamen Bildschirme konnte ich dann leicht zerschlagen. [21] Fake away!Aber eines schönen Tages wurde mir mein Verrücktester weggeblasen, [22] Fake away!Zu den Schnäbeln verriet ihr Schätzchenmann, [23]Und so wurde ich schließlich geworfen,Und in den Krug geworfen für einen Lag, Fake away!Aber ich ließ meine Darbies an einem Morgen im Mai gleiten, [24]Und gab dem Dubsman einen Feiertag, [25]Und hier bin ich, Freunde, fröhlich und frei,Ein richtiger ausgelassener Roma. [26]

[1: Zelle; Newgate] [2: Frau, deren Ehemann gehängt wurde; Kind] [3: wegarbeiten!] [4: Tanzmeister] [5: egal, Freunde] [6: hängen] [7: Diebe; Gefängnis] [8: hat mir das Stehlen beigebracht] [9: Ladendieb; Taschendieb] [10: Seidentaschentücher; Ringe] [11: Pfandleiher; Schnupftabakdosen] [12: Taschenbuch; flinke Finger] [13: Taschendieb; stehlen] [14: Innentasche zugeknöpft] [15: eine Handtasche stehlen] [16: am besten gemachte Kleidung] [17: Haare frisieren; Mode] [18: Hände mit Juwelen besetzt; Siegel] [19: goldene Uhr; Hemd mit Spitzenrüschen] [20: Kleidung; modisch; fein] [21: gefälschte Banknoten; Pass] [22: Lieblingsmädchen] [23: Richter; Schatz] [24: Handschellen] [25: Wärter] [26: Zigeuner]

DAS SPIEL VON HIGH TOBY [Notizen] [1834]

[Von W. HARRISON AINSWORTH in *Rookwood*].

ICH

Jetzt setzt Oliver seine schwarze Nachtmütze auf, [1]
Und jeder Stern verbirgt seinen Schimmer, [2] Und hinaus in die Heide ist

der Gauner verschwunden, [3] Sein unvergleichlicher kirschschwarzer
Pferderitter reitet; [4] Fröhlich fliegt er über den Common, schnell und frei
wie der Raketenstoß, den mit Krepp bedeckten Zauberer über die Augen
gezogen, sein Tol an seiner Seite und seine Pops in der Tasche. [5]

Chor.

Wer kann dann
ein so fröhliches Spiel nennen, als das Spiel aller Spiele – High-Toby? [6]

II

Der Reisende hört ihn, weg! weg!
Über die weite, weite Heide huscht er; Er achtet nicht auf die Aufforderung
des Blitzes, zu bleiben, sondern immer schneller und schneller eilt er,

Aber welcher Gänseblümchenschneider kann mit dieser Schwarzmeise
mithalten? [7]
Er wird gefangen – er muss „stehen und liefern"; dann raus mit der Puppe
und weg mit dem Gebiss, [8] Oh! Das High-Toby-Spiel für immer!

Chor.

ein so fröhliches Spiel als das Spiel aller Spiele bezeichnen – High-Toby?

III

Glauben Sie mir, es gibt kein Spiel, meine tapferen Jungs,
das sich mit dem High-Toby-Spiel vergleichen lässt. Keine Verzückung
kann die Freuden des Tobymans erreichen. [9] Den blauen Teufeln geben
blaue Lote den Vorbei. [10]Und was wäre, wenn er endlich zur Sache
kommt, Jungs! [11] Sogar der Schlag auf die Stute hat *etwas* Bitteres.
Für die Stute mit den drei Beinen, Jungs, es ist mir egal, [12] „Das wird in
weniger als einer Minute vorbei sein!"

Chor.

Dann hip, hurra!
Seien Sie vorsichtig! Hurra für das High-Toby-Spiel!

[1: der Mond] [2: Licht] [3: Straßenräuber] [4: schwarzes Pferd] [5: Schwert;
Pistolen] [6: Autobahnraub] [7: schnelles Pferd; Pferd] [8: Taschenbuch] [9:
Straßenräuber] [10: Kugeln] [11: Galgen] [12: Galgen]

DAS DOPPELKREUZ [Notizen] [1834]

[Von W. HARRISON AINSWORTH, in *Rookwood*]

ICH

Obwohl wir alle schon einmal von Schlachten auf dem Schlachtfeld gehört haben
und von bestimmten Gewinnen durch bestimmte verlorene Kämpfe, bilde ich mir eher ein, dass es Neuigkeiten gibt: „Wie in einer Mühle beide Männer verlieren sollten; [1]Für Vere sind die Chancen auf diese Weise ausgeglichen,Es spielt mit den Stevens die Dickens: [2]Außerdem sündigen sie entgegen aller Regeln,Vere hat auch keine Chance zu gewinnen. Ri, Tol, lol usw.

II

Zwei drängende Buchten, jede wachsam,
Vere machte sich bereit, um einen hohen Einsatz zu kämpfen; Aber in der Zwischenzeit, so war es, stimmten beide Jungs zu, ein Kreuz zu spielen; Mutig trat jeder Puffer zum Kratzer an, [3] Damit es wie ein knappes Spiel aussah; Sie zogen mit Stil und Wetten wurden abgeschlossen, [4] Zwei standen sechs zu vier, aber nur wenige nahmen teil. Ri, tol, lol usw.

Drittes Kapitel

Ganz vorsichtig begann die Mühle,
denn keiner kannte den Plan des anderen: Jeder täuschte sich völlig im Dunkeln, [5] ob es das Zeichen des Nachbarn sein könnte; beschlossen, sich nicht um seine Lügen zu kümmern, [6] und es ihm auch nicht mit gleicher Münze heimzuzahlen; also blieben sie beieinander, stritten ein bisschen und wichen aus. Ri, tol, lol usw.

IV

Vith Mawleys erhoben, Tom beugte seinen Rücken, [7]
als wollte er einen heftigen Schlag versetzen; Vile Jem, mit ordentlichem Linkshänder-Stopper, Straight drohte Tommy mit einem Topper; „Das ist alles mein Auge!" kein Blut fließt, [8]Kein Schlaggeräusch – keine vernichtenden Schläge,Fünf Minuten vergehen, aber kein Treffer,Wie kann das enden, Freunde? –Warten Sie ein bisschen. Ri, Tol, lol usw.

V.

Jede Bucht wurde mit doppelter Pflicht zerrissen,
um seinen Unterstützern zu gefallen und dennoch Beute zu spielen. [9] Ven, zum Glück für Jem, ein Erzähler, den Vos direkt auf seinen Riecher gepflanzt hatte. [10] Er ließ sich fassungslos fallen; Ven Time wurde aufgerufenSekunden umsonst heulten die Sekunden; Die Mühle ist vorbei, der Crosser Crost, Die Verlierer von, die Sieger haben verloren.

[1: Kampf] [2: Geld] [3: Mann] [4: entkleidet] [5: Gefährte] [6: Notizen] [7: Hände] [8: Blut] [9: sie täuschen] [10: Nase]

DER CHAUNT DER DIEBE [Notizen] [1836]

(Von WH SMITH in *The Individual*)

ICH

Es gibt eine Ecke in der Kneipe, [1]
wo ich viele Krüge beschlage, [2] und der Rauch sich sanft kräuselt,
während Vetter Ben die Krüge immer wieder füllt, wenn die Jungs ihr
Schwein überrannt haben. [3]

II

Die Spirituosen ringsum glänzen wie Diamanten,
und die Tüte ist die beste von allen. [4]Aber ich habe nie an Spirituosen
Gefallen gefunden, denn ich glaube, Spirituosen sind alle nur ein Bissen, [5]
also rufe ich nach schwerem Nass. [6]

Drittes Kapitel

Die schwere Nässe in einem Zinnquart,
so braun wie die Farbe eines Dachses, mehr als Bristol-Milch oder Gin, [7]
Brandy oder Rum, ich trinke sie, mit meiner Liebsten, Sue, im Munde
zusammen. [8]

IV

Oh! grunzendes Küsschen beim Fressen [9]
Ist ein herrlich weiches und herzhaftes Ding; Ein Kapaun aus Norfolk ist
ein lustiges Fressen [10]Wenn man es mit der Kraft von Bub hinunterspült:
[11]Aber mir sind Sues Küsse weit lieber,
als grunzendes Küsschen oder Anderes Essen ist,
Und ich funke nie die Lammfellmänner, [12]Wenn ich mit ihr im Saufkeller
sitze.

V

Ihre Klamotten sind ein echter Hingucker – sie ist ein echter Knaller, [13]
Und ich hoffe, dass sie nie zurückkommt; denn sie isst niemals
Hundesuppe oder Schoß, [14]Aber sie liebt den Hahn meiner Cousine, des
Bluffers. [15]Sie ist hellwach und ihr Schwätzer betrügt, [16]Für ihr
Summen wurde eine Bucht nie geschlagen; [17]Aber weil sie in letzter Zeit
etwas von der Dose genommen hat, [18]haben sie sie zur Unterkunft ins
King's Head Inn geschickt. [19]

[1: öffentliches Haus] [2: Pfeife; Rauch] [3: einen Schilling bezahlt] [4: Gin]
[5: Humbug] [6: Porter] [7: Sherry] [8: Herrin] [9: Schweinefleisch] [10: Red-

Hering] [11: Lots Bier] [12: Richter] [13: Kleidung; sauber; feine junge Frau]
[14: trinkt Wasser oder Tee] [15: Wirt] [16: Zunge] [17: einen Mann
täuschen] [18: stahl; Geld] [19: Newgate; Anmerkungen]

THE HOUSE BREAKER'S SONG [Notizen] [c. 1838]

[Von GWM REYNOLDS in *Pickwick Abroad*].

ICH

Ich war nie eine Nase, denn die Stammgäste kamen [1],
wann immer ein Pfannkuchen fertig war:— [2]Oh! Wer würde zwitschern,
um seinen Namen zu entehren, und seine Kumpels in einem spitzen Spiel
[3] an die Fallen verraten?—Ich jedenfalls nicht! [4]Lasst die Nobs im
Pelzhandel ihre Kiefer halten, [5] und lasst den Krug frei sein:— [6]Lasst
Davys Staub und eine gut gefälschte Klaue [7] für ausgefallene Buchten das
einzige Gesetz sein, [8] und ein doppelzüngiger Knallkörper, um die Kerle
in Ehrfurcht zu halten, [9] die mich verhöhnen!

II

Von morgens bis abends saufen wir ein Glas [10]
und spielen Bingo. [11] In der Abenddämmerung versuchen wir unser
Glück, und dann [12] mit unseren frischen Mäulern und unseren fröhlichen
Männern durchkämmen wir das einsame Land. Und wenn die Dünung sich
unserem "Stand!" widersetzt, werden wir ohne Witz loslegen. [13]
Denn ich würde kichern, wenn wir [14] vom schimpfenden Kiefer einer
wissenden Hand trepaniert würden
und so in ein fremdes Land verschleppt würden oder durch eine
Artischocke sterben würden. [15]

Drittes Kapitel

Aber sollten die Fallen heimlich sein,
werden wir zur Abwechslung mal einen Versuch machen; [16]Die reichsten
Krippen sollen unsere Bedürfnisse befriedigen – [17]Oder wir werden einen
Nebel mit den Fingern knallen, [18] Wenn der Schwell einer den Rücken
kehrt. [19]Die Schwachstellen können wir auch zerschlagen, [20] Oder ein
Ticker, der geschickt pimpt: – [21]Aber wenn jemals ein Kumpel in der
Schwebe stürzte, [22]Er würde lieber sofort erschöpft sein, als es zu
erzählen; [23]Obwohl der Brummkastenplapperer von der Hölle sprach,
[24] Und der Schnabel trug seine schickste Perücke. [25]

[1: Polizeispion; Anteil an der Beute] [2: Haus wurde eingebrochen] [3:
Gentleman] [4: Polizisten] [5: Old-Bailey-Plädoyer] [6: Gefängnis] [7:
Schießpulver, Hand geschickt im Diebstahl] [8: Diebe] [9: doppelläufige
Waffe] [10: reichlich trinken] [11: Brandy] [12: abreisen] [13: Feuer] [14:
transportiert] [15: hängend [herzhafte Würge]] [16: Einbruch] [17: Häuser]

[18: stehlen; Taschentuch] [19: geschickt] [20: falsche Notizen weitergeben]
[21: Wache] [22: Gefängnis] [24: Pfarrer] [25: Richter; am schönsten]

"DER FALSCHE JUNGE ZUM MIST IST WEG" [Anmerkungen] [1841]

[Von BON GAULTIER im *Taits Edinburgh Magazine*].

ICH

Der Junge, der sich in die Scheiße wagte, ist weg, [1]
Beim Noppen-Betrug wirst du ihn finden; [2] Das Hanfseil, das sie
umgürtet haben, Und seine Ellbogen sind auf dem Rücken festgesteckt.
"Zerschmetter meinen Schein", schreit die normale Karte, [3] "Auch wenn
das Mädchen, das du liebst, dich betrügt, geh nicht weg, sondern stirb
mutig und hart, Und dankbare Freunde werden dich loben."

II

Der Riegel fiel – ein Ruck, eine Zerrung!
Der Sheriff flohen auseinander; Der falsche Junge sprach nie wieder, denn
sie zogen ihm die Beine weg.
Und da baumelt er am Baum,
diese Art von Liebe und Tapferkeit! Oh, dass solche Männer Opfer des
Gesetzes und der abscheulichen Schurkerei des Gesetzes werden sollten.

[1: Taschendieb; Galgen] [2: Galgen] [3: verflucht seien meine Augen!]

DER VERRÜCKTE [Anmerkungen] [1841]

[Von BON GAULTIER im *Taits Edinburgh Magazine*].

ICH

Sie trug Rouge wie Rosen in der Nacht, als wir uns das erste Mal trafen.
Ihr liebliches Gesicht lächelte über den Bechern voll schwerem Wasser. [1]
Ihre roten Lippen waren so voll, ihre Stimme so heiser, dass man ihr
verriet, dass ihr Getränk von einer Art war, in dem Wasser unbekannt ist.
Ich sah sie nur einen Augenblick, und doch glaube ich, ich sehe sie jetzt,
mit der Blüte geliehener Blumen auf ihren Wangen und ihrer Stirn.

II

Bei unserer nächsten Begegnung trug sie ein Paar eiserne Schnäbel. [2]
Ihr Gesichtsausdruck war nachdenklicher als zuvor. Und an ihrer Seite
stand der Mann, der mit aller Kraft versuchte, sie zu besänftigen, als sie
dieses geliebte Land verließ, das sie nie wiedersehen würde. Ich sah sie nur
einen Augenblick, doch mich dünkt, ich sehe sie jetzt noch, als sie vor dem
Richter einen Knicks machte und er sich vor ihr verbeugte.

Drittes Kapitel

Und wieder sehe ich, dass auf ihrer Stirn kein Makel ist,
die unbarmherzige Hand des Dummkopfs hat ihr einst üppiges Haar
gestutzt. [3] Sie spielt mit Hanf in der Einsamkeit, und niemand ist in der
Nähe, der ihre Hand in die seine drückt und nach Ingwerbier ruft. Ich sah
sie nur einen Augenblick, doch mich dünkt, ich sehe sie jetzt, mit der Karte
und dem Scheitel in der Hand, wie sie mit dem Werg spielt.

[1: Gesicht; Pförtner] [2: Handschellen] [3: Gefängniswärter]

DER NEUE TOAST DES FÄLSCHERS [Anmerkungen] [1841]

[Von BON GAULTIER („Nimming Ned") in *Taits Edinburgh Magazine*]

ICH

Kommt her, all ihr netten Kumpels,
und bewundert die britischen Autoren, [1] die unserem Ruf nacheifern. Die,
wenn sie nicht in der Königswürde geboren wären, sich wie wir dem
Handel verschrieben hätten und jeder von ihnen ein echtes Schmuckstück
[2]
und einen Trumpf hervorgebracht hätte .

II

Das sind die Jungs, die die Welt kennen, das sind die Jungs, die die
Menschheit kennen,
und sie hätten ihm auch das Geld aus der Tasche gezogen, wenn das Glück
(das ist ja blind) ihnen nicht ihr Genie aufgezwungen und sie in eine falsche
Lage gebracht hätte, in der sie nur darüber schreiben, ihre Mission aber
nicht ausführen können, wie eine Trumpfkarte.

Drittes Kapitel

Wenn sie so weitermachen, wie sie begonnen haben, werden die Dinge bald
geschehen,
und wir werden die Oberschicht sein und die anderen vertreiben; ihre
Gesetze werden wir selbst ausführen und ihre Offenbarung erhöhen, das ist
für sie eine Selbstverständlichkeit Wäre das die einzige Erholung eines
Trumpfs.

IV

Aber ketch uns! Wartet nur ein wenig, dann werdet ihr besser sein als sie;
Denn unser größter Dank gebührt den Gelehrten, die uns alle, gute
Menschen, in unserem eigenen Licht gezeigt haben und uns als Prigs für
den Ruhm erwiesen haben, und das alles nur, weil es richtig ist [3] In einer
Posaune.

V

Das ist so, wie es die Mode vorgibt: Jack Sheppard ist der Go [4]
Und jedes Wort von „Nix meine Puppen" kennen die besten Damen. Er
stimmt wie schon immer – er geht nach Botany Bay wie ein Trumpf.

VI

Dann füllen Sie Ihre Gläser, Dolly Palls, wey, sollten sie vernachlässigt
werden
? Wie tun sie ihr Bestes, um die Linie zu verbessern, wie wir sie ausgewählt
haben? Für sie, die das Leben des Crackman zum Thema ihrer Geschichte
machen, [5] Für Ainsworth und für Bullvig, und Reynolds sei die Ehre, [6]
Jolly trumpft.

[1: Gefährten; stehlen] [2: Taschendieb] [3: stehlen] [4: Mode] [5:
Einbrecher] [6: Notizen]

MEINE MUTTER [Notizen] [1841]

[Von BON GAULTIER in *Taits Edinburgh Magazine*].

ICH

Wer hat mich als Baby, dürr und dürr,
nach Brei gerufen und Lärm gemacht, der mich mit einem Schluck
britischem Gin eingelullt hat? – Meine Mutter.

II

Wenn ich auf Sauftour war
und erst um zwei oder drei nach Hause kam, wer hat mir dann eine
reingehauen? – Meine Mutter.

Drittes Kapitel

Wer würde, wenn sie auf einen starken Wellengang traf, [1]
ihm so gut die Wunde lindern, [2] und mich küssen, ohne es zu erzählen? –
Meine Mutter.

IV

Wer riss mich aus meinem Kinderspiel
und lehrte mich, zu täuschen, und weckte mich auf, bis der Tag gekommen
war? – [3] Meine Mutter.

V

Wer würde mich beim Schlafen in meinem Stuhl beobachten
und meine Uhr schlau reparieren [4] und mir keinen Mopus dort lassen?—
[5] Meine Mutter.

VI

Wer hat meinem jungen Geist, unter dessen Obhut ich aufwuchs,
das eine oder andere beigebracht, besonders das Bemalen von
Wohnungen?— [6] Meine Mutter.

VII

eine so regelmäßige Posaune wie sie gesehen habe : Dir, meiner Mutter,
verdanke ich all meine Tugenden.

VIII

Also, her mit den Drinks, meine Freunde,
raus mit meiner Geschichte und meinem Glas, raus mit einem Stoßfänger,
Jungs, und mit mir schreit – meine Mutter.

[1: gut gekleideter Mann] [2: Taschentuch] [3: machte mich schlau] [4:
Tasche] [5: Penny] [6: Dumme]

DIE HOCHWASSER-FROLIC [Anmerkungen] [1841]

[Von LEMAN REDE, Kits und Adelgithas Duett in *Sixteen String
Jack*].

Ade. Crissy odsbuds, ich werde mit meinen Klamotten weitermachen, [1]
und über dem Wasser werden wir flammen; *Kit.* Kutschen und
Kinderwagen, Mädchen und Jungs, [2] und Geiger werden da sein. *Ade.*
Dort errötet die Schönheit hell, *Kit.* Der Punsch ist heiß und stark,
Beides. Und dort werden wir ihn verquirlen, durchwühlen, verquirlen,
überspringen und damit stolpern!

II

Ade. Da ist Charley Rattan, der nette Jack Rann
und der riesenhafte Giles McGhee; da ist Sidle, so schlank, und der
aufgeweckte Tim, und alle machen sich auf mich ein.
Bausatz. Hadelgitha – platonisch, Christopher!
Ade. Aber Charley, Jack und Tim
können ihren Witz vergeblich anstrengen. Denn immer noch werde ich es
tanzen, tänzeln, tanzen und mit Kit davonfliegen!

II

Bausatz. Da ist die ausgelassene Kate und die ausgelassene Bet
und der verprügelnde Sall, der so groß ist, und der mürrische Poll und der
blauäugige Moll – verdammt, ich liebe sie alle! Christopher – platonisch,

Hadelgitha! Aber Winny, nicht Jenny, noch Sue, Shall entwöhne dieses
Herz von dir – So werde ich es stolpern lassen, es lippen, es stolpern lassen,
es stolpern lassen mit Hadelgitha!

IV

Bausatz. Der Morgen kann so sicher anbrechen, wie du geboren bist, *Ade.*
Wir werden alleine tanzen, *Kit.* Ich hole mir einen Hack, bin gleich wieder
weg, [3] *Ade.* Ein eleganter Darby und Joan! Wie werden die Vulgarier
starren, wenn sie dich sportlich sehen! _Beides._Denn niemand kann es
spritzen, spritzen, spritzen, *Crissy Addy* , du und ich.

[1: Kleidung] [2: Pferde] [3: Sofort]

DAS DASHY, SPLASHY…. LITTLE STRINGER [Notizen] [1841]

[Von LEMAN REDE, Kit's Song in *Sixteen-String Jack*].

ICH

Eine bewölkte Nacht, und es wehte ziemlich stark,
Der fesche, spritzige, vorsichtige kleine Stringer, [1]bestieg seinen
Rotschimmel und machte sich auf den Weg - Phililoo!

„My Lord Cashall ist heute Nacht unterwegs.
Runter mit den Jungs, lasst My Lord aussteigen – Ran dan row de dow,
weiter geht's!" *Refrain* : – Ran, dan usw.

II

„Du scheußlicher Schurke", sagte mein Lord zu Rann –
dem flotten, spritzigen, misstrauischen kleinen Stringer – „Wie kannst du es
wagen, einen Gentleman auszurauben?" Phililoo!

Sagt Jack, sagt er mit seinem wissenden Gesichtsausdruck, [2]
"Ich bin nicht ganz sicher, wer es ist! Ran dan row de dow, weiter geht's!"
Refrain : Ran, dan, usw.

Drittes Kapitel

Wir packten den Dolch an und machten uns auf den Weg in die Stadt, [3]
mit dem flotten, spritzigen, vorsichtigen kleinen Stringer, Pferde wurden
umgeworfen, Männer niedergeschlagen - Phililoo!

Als nächstes erspähten wir eine Damenkutsche,
ich packte sie am Kragen, Jack sprang hinein, Ran dan row de dow, weiter
gings! *Refrain* : Ran, dan usw.

IV

Jack nahm mit kecken Mienen seinen Hut ab –
der schneidige, spritzige, misstrauische kleine Stringer –
und küsste die Lippen der schönen Dame –
Phililoo!

Sie seufzte und ihr Blick sagte deutlich: „
Es macht mir nichts aus, wenn ich wieder ausgeraubt werde! Ran dan row
de dow, weiter geht's!" *Refrain* : Ran, dan usw.

[1: temperamentvolles Pferd] [2: zwinkern] [3: Geld]

THE BOULD YEOMAN [Anmerkungen] [1842]

[Von PIERCE EGAN in *Captain Macheath*].

ICH

Ein Lied, das ich Ihnen über einen High-Pad-Kumpel erzählen werde, der
so niedergeschlagen ist, [1]
Mit seinen Pops und seinem hochkarätigen Prad, der ihm Ruhm einbrachte;
[2]Auf der Straße machte er einen Strich durch die Rechnung, es war ihm
eine Freude! Und wenn die Leute nicht kapitulierten, zeigte er den Kindern
den Kampf! [3] Mit seinen Pops so hell und luftig, und seinem Prad wie
eine Fee, ging er hinaus, um sich das Gold zu schnappen! [4] Derry runter,
runter, derry runter,

II

Er traf einen kräftigen Freibauern und forderte ihn auf, aufzustehen;
„Wenn ich das tue, bin ich verdammt!" sagte er, „obwohl du es großartig
machst. Ich bin ein alter englischer Bauer, und provoziere mich nicht. Ich
habe einen Knüppel, seht mal, es ist ein erstklassiges, zähes Stück Eiche!
Und ich gebe euch etwas Soße, [5] Davon nehme ich meinen Davy, [6]
Wenn du versuchst, mein Gold zu stehlen, [7] Derry runter."

III

Dann zog der High-toby-Gloque sein Entermesser so fein;
Er sagt zum Bauern: „Du oder ich wegen des Glanzes!" Und sie gingen
beide dorthin, wie zwei alte Griechen, Schneiden, Schlitzen, auf und ab,
und das alles wegen des Goldes! Es wurde Schnitt für Schnitt gemacht,
solange es dauerte, Prügel, Lecken, hart und schnell, harter Kampf um das
Gold. [8] Derry am Boden.

IV

Der High-Pad schnitt schnell das Handtuch des Bauern in zwei Teile – [9]
Er zog sein Belleisen heraus, um Tageslicht durch sein Gehirn zu schicken;

[10]Aber er sagte, ich werde dich nicht niedermachen, wenn du nur deinen Raufbold mit mir auszahlen willst, Freibauer – ich gebe mich damit zufrieden, deinen Geldbeutel zu verprügeln! [11] Nieder mit dem Staub und rette dein Leben, [12] Deine Zustimmung wird unseren Streit beenden. Ist dein Leben nicht mehr wert als Gold? Derry unten.

V

Reich mir das Zinn herauf, Bauer, du sollst einen Anteil haben [13] Eine Freundlichkeit, für einen Toby Gloque, musst du sagen, ist selten; Das ist richtig – kipp das Kelter herauf, es wird meine Knochen wieder gutmachen, [14] Und wo immer wir uns treffen, Bauer, wir werden die besten Freunde sein! Also steig auf deinen Traber und geh weg, [15] Und wenn du jemals hier vorbeikommst, pass besser auf dein Gold auf! Derry runter.

VI

Hört mir jetzt zu, Jungs, und ihr werdet immer gut daran tun. Macht jeden Herzog, Bürger oder vornehmen Mann aus dem Weg; [16]Aber wenn ihr einen Wildfang aufhaltet, der nicht viel mehr hat als Mumm, [17]Macht ihn nicht aus, und es wird euch nie an Glück mangeln. [18] Also, ihr vornehmen Leute, trinkt meinen Toast, lasst unsere Ehre unser Stolz sein und reißt niemals einem armen Kerl sein Gold weg. Derry runter.

DER ZAUBERER UND SEINE KLEINE SACKPISTOLE [Anmerkungen] [1842]

[Von PIERCE EGAN in *Captain Macheath*].

ICH

Meine tapferen Kameraden, hockt euch in der Hütte, kommt und hört mir zu, wenn ich von "der Straße" singe; oh, hört zu, wenn ihr Spaß habt. [1] Ein Zaumzeug ist der Held und seine kleine Knallpistole. [2] Fal, de, rol! lal! lal! la!

II

Eines Morgens in aller Frühe ging er mit diesem ausgelassenen Schwert [3] los,
um das stumpfe Gewehr aufzuheben, und traf ein nettes junges Mädchen; [4]
"Ich werde dich nicht ausrauben", sagte er, "und so brauchst du dich nicht zu verstecken: [5]
Aber sie knallte mit Stil von seiner Knallpistole ab, die völlig im Eimer war; [6] Fal, de, rol! lal! lal! la!"

Drittes Kapitel

Dann kam eine Postkutsche herauf, und so sagte der Gloque: [7]
Es tut mir leid, dass ich dich aufhalte, aber du musst meine Stimme hören:
„Komm, steh auf und rette! Wenn nicht, so sicher wie die Sonne, dein."
Reise werde ich mit meiner kleinen Pop-Gun stoppen. Fal, de, rol! Lol! Lol!

IV

„Durch diese kleinen Läufe gedeiht ein High-Padsman, [8]
„Oh, nimm alle unsere Nashörner, aber bete, verschone unser Leben!" [9]
Schreien die Passagiere, die alle darauf bedacht sind, wegzulaufen, fast zu
Tode erschrocken durch seine kleine Pop-Gun. Fol, de, rol.

Dann, meine Klingen, wenn du im Busch bist und die Beute haben musst,
[10]
Geh in Tattlers, Shiners, und fürchte dich nie vor der Verzögerung;
[11]Dann plappern Sie alle scharf und geben Sie ihnen viel Spaß, [12]Und
stumpf werden Sie nie wollen, solange Sie eine Pop-Gun haben. [13] Fol,
de, rol! La!

[1: Ohren] [2: Straßenräuber] [3: Gefährte] [4: Geld] [5: weglaufen] [6:
losgegangen; Angst] [7: Straßenräuber] [8: Straßenräuber] [9: Geld] [10:
Gefährten; Pech gehabt; plündern] [11: Uhren; Geld; Transportmittel] [12:
reden; höflich; geben] [13: Geld]

JACK FLASHMAN [Notizen] [1842]

[Von PIERCE EGAN in *Captain Macheath*].

ICH

Jack Flashman war ein so dreister Tugendbold,
Der nach nichts seufzte als nach dem Gold; Denn er sondierte und
durchsuchte jeden Kunden. [1]Jack war der Junge und niemals
schüchtern.Fol, de, rol.

II

Jack war lange in der Stadt, ein Teazer; [2]
Eine scharfe Klinge für Keil oder Nieser; [3] Konnte seine Fünfen in alles
verwandeln [4]
Einen Leser einschlafen oder einen Ring klauen. [5]
Fol, de, rol.

Drittes Kapitel

Jack war immer bereit und ließ nie nach. [6]
Im Dunkeln versuchte er den Crack; [7]Durchsuchte die Lobby und die
Beute; „Ich bin bei jeder Bewegung dabei", prahlte er. [8]Fol, de, rol.

IV

Aber Jack wurde endlich zu sehr bekannt –
wurde durch seinen Schlag platt gemacht! [9]Sie wurde blass und brachte
ihn so in Schwierigkeiten. [10]Und dann gab er dem armen Jack das
Doppelte! [11]Fol, de, rol.

V

Jack verließ den Krug ganz fröhlich, [12]
Und entlüftete und schwärzte das Auge seines Doxys! [13]Ich sage: „Schau,
Marm, wenn du das nächste Mal Schluss machst, mache ich dich mit einem
Rommé-Schlag fertig!Fol, de, rol.“

VI

Meine Klingen, bevor ich meinen Gesang beende, [14]
Hier die Ragoutsauce eines Freundes; [15]Vertraue niemals einer
ausgefallenen Jade, denn all ihre Spreu ist nur Handel!Fol, de, rol.

VII

Möge all ihrem Schinken widerstanden werden;
Ohne dass du Lust hast, verdreht zu werden! [16]Und nie an dir selbst
herumschnüffeln – [17]Dann behältst du mit Sicherheit deinen guten
Ruf.Fol, de, riddle.

[1: Raub; Tasche] [2: kluger Kerl] [3: Silberplatte; Schnupftabakdose] [4:
Hände] [5: Taschenbuch; einen Ring stehlen] [6: fett] [7: Abend; Einbruch]
[8: bewusst] [9: von seiner Geliebten verraten] [10: gab Auskunft] [11:
verlassen] [12: Gefängnis] [13: Schatz] [14: Männer] [15: Rat] [16: gehängt]
[17: reden über]

MISS DOLLY TRULL [Notizen] [1842]

[Von PIERCE EGAN in *Captain Macheath*].

ICH

Von all den Motiven in diesem Krug [1]
gibt es keines wie die freche Dolly; Und wenn sie nicht ihren düsteren
Becher anschaut, ist das immer eine Entschuldigung für Torheit. Sie
betreibt solch kostbare, verschrobene Rigs mit kneifenden Keilen und
Medaillons [3] Und doch ist sie der Toast aller Prigs, auch wenn sie Herzen
und Taschen stiehlt.

II

Bewege Miss Dolly einfach im Handumdrehen – [4]
Sie versucht, die Ehre zu erringen! [5] Um ihr Ziel zu erreichen, wird sie

nicht aufhören und allen Wellen nachjagen. Sie starrt, nickt und plappert Blitz [6] Zu jedem Flatty Cully [7] Bis sie ihn im Handumdrehen durchsucht [8] Von Rhino, Wedge und Tully. [9]

[1: Frauen; Gefängnis] [2: hübsches Gesicht] [3: Teller stehlen] [4: sehen; tanzen] [5: handeln] [6: spricht Slang] [7: anfälliger Kerl] [8: raubt; völlig] [9: Geld]

DER NEBENSCHLAG DES KRUGS [Anmerkungen] [1842]

[Von PIERCE EGAN in *Captain Macheath*].

ICH

Im Newgate-Gefängnis wurde das lustige Kind geboren – [1]
Schande, die er ohne jede Verachtung saugte! Seine Mutter kannte sein Vater nicht, aber das ist kein Zufall – Jack war ein Nebeneffekt! Foddy, loddy, high O.

II

Kaum war Jack auf die Beine gekommen, [2]
als seine Mutter ihn zu einigen sehr schlimmen Sünden verurteilte, und sie ihm bald beibrachte, zu fluchen und zu lügen und in jedem Kuchen seine Finger zu haben. Foddy, loddy, high O.

III

Seine Mutter war in jeder Hinsicht flaumig – [3]
Bevor er lesen konnte, machte sie ihn zu einem Idioten; [4]Sehr bald brachte sie Jack dazu, etwas zu sagen, und er torkelte auf dem Morgenschleich hinaus. [5]Foddy, loddy, high O.

IV

Jack hatte ein scharfes Auge zum Gaffen, [6]
Und bald fing er an, den Nebel zu dösen! [7] Und immer darauf bedacht, seinen Schlag zu bekommen – Als er kaum reif war, ging er auf den Crack. [8] Foddy, loddy, hoch O.

V

"Nun, mein Mädchen", sagt sie, "musst du den Weg einschlagen
. Er ist reicher als das schönste Haus, denn es gibt Uhren, Geldbeutel und jede Menge Gold. Ein Schlingel muss immer dreist sein, weißt du." [9]
Foddy, loddy, high O.

VI

Dann gab seine Mutter Jack einen Rat,
ihrem Sohn, einem Dieb, der nicht besonders nett war. Sie sagte: "Kämpfe dich durch, Jack, und halte die Hauptlast aus. Ohne die stumpfe Waffe bist du nutzlos, mein Kind. [10] Foddy, loddy, high O."

VII

"Dann mach weiter so, Jack, mit viel Spaß.
Ein kurzes Leben vielleicht, aber ein lustiges; deine Ausweichmanöver auf der Autobahn können dann in Ruhm leben, das Unglück betrügen und sicher sein, als Wild zu sterben." Foddy, Loddy, High O.

VIII

"Sei trotz Pech kein Nörgler,
wenn du von einem Glas umgebracht wirst! [11]Aber bleib bis ans Ende deines Lebens brav, du bist nicht der erste, der in eine Schlange geraten ist." Foddy, loddy, high O.

[1: Kind] [2: Füße] [3: vollendet;] [4: Dieb] [5: Runde für Diebstahl] [6: lüstern] [7: stehlen; Taschentuch] [8: Einbruch] [9: Straßenräuber] [10: Geld] [11: Karren; Anmerkungen]

DER BALL DES SCHRECKERS [Anmerkungen] [1852]

[Aus JOHN LABERNS *populärem Comic-Songbuch* . Tune – *Joe Buggins.*].

ICH

Oh, was für ein scharfes Aufflackern, was für ein Aufruhr,
Festival-Terpsickory, wurde von den vornehmen Kerlen im berühmten Rookery regiert. Sobald es jedoch vind wurde, wollten die Vos von Old St. Giles fallen – erklärten sie alle , also hilf ihnen niemals, sie würden einen atemberaubenden Ball bekommen! Tol, lol lol usw.

II

Jack Flipflap nahm die Angelegenheit in die Hand, meine Herren –
Wer hat die Sache vollständig verstanden – Er hatte oft vor dem Publikum getanzt, Auf den Brettern, durch die Straßen. Die alte Mutter Swankey, sie hat zugestimmt, ihr ihre Unterkunft für nichts zu leihen – [1] Sagt sie: „Morgen kommt die Krippe herunter, also los, genau wie Bohnen und Ziegel." [2] Tol, lol lol usw.

Drittes Kapitel

Die Nacht brach an, und es wurde geschüttelt – [3]
zu Mutter Schwanenmutters Schlafbett; [4] man sah jeden flaumigen
Schmarotzer, wie er sich sein Stück Musselin oder seine Rippe nahm. [5]
Zwölf Kerzen steckten in Rüben, hingen seltsam von der Decke – Bunns
Triumphglanz war für diesen wandelbaren Schmarotzer nur ein Tropfen
auf den heißen Stein. Tol, lol, lol usw.

IV

Der zerlumpte Jack, der sich „Verhungern!"
vorschreibt, sah ganz fett und aufgedunsen aus – während Dick, der sich im
ganzen Land herumspricht, die ganze Aufmerksamkeit der Schönen auf
sich zog. Der hinkende Ned, der seine Herzogin mitgebracht hatte, hatte
seine Holzpflöcke zu Hause gelassen – und Jim, der sich auf Krücken
durchschlägt, war das flinkste Gespann auf seinen Beinen. Tol, lol, lol usw.

V

Der nächste Ankömmling war der alte Joe Burn,
der die Natur so anmacht – und Fogg, und Fogg, der jeden Tag in Ho'born
blind ist, hat sich seinen Weg dorthin klar genug gesägt, Mr. Sinniwating
Sparrow, in neuen und schönen Cordhosen, ist in seiner Ananaskarre
angereist, mit der er ein Stück Obst verkauft hat. [6] Tol, lol, lol usw.

VI

Der Ball wurde von der dicken Mary eröffnet,
eingehüllt in reines Musselin, [7] und dem frechen Sam, mit dem Beinamen
„The Lary", der den „ *Minuit-on-a-square* " *tanzte*.
Währenddessen tanzten der schicke Charley Coker und Jane mit dem
göttlichen Hatchet-Face den Rowdydowdy Poker und nahmen Greasy den
Glanz. [8] Tol, lol, lol usw.

VII

Top-Stil gemacht , genau wie es sein sollte, von Muster und Missus
Mudfog, umwerfend, deren Haare sich wie ein Haufen Holz kräuselten. Die
Leute grinsten über ihre Gesichter, „Cos Mudfog – Prinz der auffälligen
Böcke."
– Hatte ein Paar Kissenbezüge an und verwandelte sich in Enten! Tol, lol
lol usw.

VIII

Dem berühmten Pass de Sandwich
konnte niemand widerstehen, mitzumachen – Sechs Scheffel auf sie kamen
herein, und der Wanish'd in etwa zwei Zweien. Als nächstes folgte der
Gatter-Walzer – [9] Sie leckten ihn, richtig mannhaft -ly, [10]Bis Joe Guffin
und sein Darter in einem Zustand von Fourpen-ny waren! Tol, lol lol usw.

IX

Als nächstes kam der Pass de Fascination
zwischen Peg Price und Dumby Dick – Aber Peg hatte eine Firma, Er ließ
sie fallen wie einen glühenden Ziegelstein. Die Gesellschaft war so
entzückt, Sie warfen *Eimer* voller Talblumen –
Aber ein Kerl warf ein Haufen Rüben, der Dicks Nuss fast in zwei Teile
geteilt hätte. Tol, lol lol usw.

X

Die Dose begann nun zu galoppieren
und stampfte mit all ihrer Kraft und Kraft auf den Boden, so hart, dass sie
die alte Krippe in zwei Teile spaltete, [11] Einige fielen verbogen auf die
Straße doppelt – Einiges wurde mit Ziegeln zertrümmert – braun gemacht
– So ersparten die Kerle der Krone die Mühe, Buchten zu schicken, um sie
niederzureißen. Tol, lol lol usw.

[1: nichts] [2: fröhlich] [3: spazieren] [4: Unterkunft] [5: Liebling; Frau] [6:
Penny] [7: angezogen] [8: Grisi?] [9: Bier] [10: betrunken] [11: Haus]

"LIEBER BILL, DIESER STEINKRUG" [Anmerkungen] [1857]

[Aus *Punch* , 31. Januar, S. 49. Ein Brief von Toby
Cracksman aus Newgate an Bill Sykes].

ICH

Lieber Bill, dieser Steinkrug, über den die Leute zu schimpfen wagen, [1]
(von dem ich bis zur nächsten Central-Sitzung komme),
ist immer noch dasselbe gemütliche, ungezwungene alte Loch,
wo Macheath seine Schläger traf und Wild seine Schüssel auf den Boden
schlug, [2]in einem Krankenzimmer mit seinen Kumpels, nicht eingesperrt
in einer Zelle, [3]für einen alten Hasen wie mich ist es ein Familienhotel. [4]

II

In den Aufenthaltsräumen der Manschettenknöpfe können wir uns ganz
entspannt zurücklehnen, [5]
Und bei Darkmans führen wir den Laden, wie es uns gefällt, [6] Da ist dein
Schoß und dein üppiger, heißer und regelmäßiger Tag. [7] Egal, ob du
arbeitest, egal, ob du spielst, aber der Spaß ist, wenn sie mit uns ausgehen,

sie schließen [8] Als ob sie unseren Lauerstellen, unserem Geplapper und
unserem Schmutz nicht gewachsen wären; [9]

Drittes Kapitel

Doch bald wird nichts Grünes mehr in seinen Augen bleiben.
Er weiß, wann es Zeit ist, wenn er wieder herauskommt. Und wenn er das
nächste Mal so flaumig und behaglich gebettet ist, [10] wird er uns vielleicht
danken, dass wir ihn in den Knast getrieben haben. [11] Doch hier kommt
ein Fesselspieler, der mir meine Geschichte abbricht. Es ist ein Verstoß
gegen die Regeln, wenn man Freunden aus dem Gefängnis zuschreit. [12]

[Das folgende Postskriptum scheint
hinzugefügt worden zu sein, als der Wächter vorbeikam.]

IV

Denn die Burschen in Guildhall und der gesegnete Lord Mayor, die
Besserwisser auf ihren vier Knochen, sollten Jammerlappen zerhacken, das
schwöre ich: [13] Damit ihre Eminenz lange über Newgit herrschen kann,
als Musterschule für die High-Tobys, den Pöbel, die Cracks und die
Screeve: [14] Denn wenn die Regierung hier wäre und nicht auf der
Alderman's Bench, wäre Newgit bald so schlimm wie ‚the Pent' oder ‚the
Tench'. [15]

[1: Gefängnis] [2: Mätressen] [3: Freunde] [4: Notizen] [5: Wärter, Betrüger]
[6: Nacht] [7: Essen und Trinken] [8: Neuling] [9: Tricks; Umgangssprache;
Obszönität] [10: eingesperrt] [11: bis zu den Gefängnisgewohnheiten] [12:
Schreiben] [13: auf Knien sollte man beten] [14: Straßenräuber; Blödmann;
Einbrecher, Fälscher] [15: Notizen]

DER LEARY-MANN [Anmerkungen] [1857]

[Aus „*Die vulgäre Zunge*" von DUCANGE ANGLICUS].

ICH

Ich habe die Erschütterungen der Höhen und Tiefen gespürt,
seit den Tagen der Schläger und Federbälle und der Allcumpaine- und
Albert-Rocks,
als ich die Welt erschuf.
Und oft seufze ich über diese Spiele, sowohl über Marmoney als auch über
die Spanische Fliege, und auch über das Drachensteigen am Himmel, für
das ich oft gerannt bin.

II

Aber aufgrund dessen, was ich gesehen und wo ich gewesen bin,
habe ich immer festgestellt, dass man, wenn man lernen möchte, wie man

lebt, nicht zu viel wissen kann. Denn Sie müssen jetzt hellwach sein, wenn Sie Ihren Lebensunterhalt verdienen möchten. Daher werde ich Ihnen raten, welchen Weg Sie einschlagen müssen, um ein misstrauischer Mann zu werden.

II

Gehen Sie zuerst zum Straßenhändler,
um sich vor jeder Fälschung in Acht zu nehmen, [1] und schnappen Sie sich all ihre Schimpfwörter. Aber lassen Sie sich Folgendes vormachen: Lassen Sie sich keine Gaunereien gefallen, [2] sondern kümmern Sie sich gut um die Schickeria, [3] hören Sie auf mit dem Alkohol, [4] und betrinken Sie sich, wenn Sie können.

IV

Und wenn du auf Sauftour gehst,
Lass es immer dein Stolz sein, einen weißen Ziegel auf deinem Kopf zu haben [5] und einen Bulldog an deiner Seite. Deinen Kopf musst du auffällig binden [6] Jedes Wort muss auffällig prasseln, [7] Und den Kopf des Kerls zertrümmern, um ein misstrauischer Mann zu sein.

V

Sie dürfen morgens nicht zu spät
nach Covent Garden oder Billingsgate kommen , sondern müssen Ihren Esel mit rasantem Tempo vorantreiben und wenn möglich als Erster an der Reihe sein. Aus der kurzen Pfeife müssen Sie Ihren Tabak blasen, und wenn Ihr Esel nicht gehen will,
dürfen Sie nicht zu langsam sein, um ihn zu lecken,
sondern müssen ihm das Fell gut gerben.

VI

Die Lügen der gewitzten Gauner
müssen dir wohlbekannt sein, und wenn du zum Gaunern kommst, musst du ein oder zwei austricksen. Dann geh zum Gaunerkloster von St. Giles, [8] und lebe in irgendeinem seltsamen Winkel, ohne Hausmannskost, um ein launischer Mann zu werden.

VII

Gehen Sie dann zur Taubenzucht
und lernen Sie jede Rasse anhand des Auges kennen. Unterscheiden Sie Kahlköpfe von Hauttauben anhand ihrer Fliege. Sie können nichts falsch machen. Auch alle Kampftauben müssen Sie kennen, Ben Caunt ebenso wie Bendigo. Gehen Sie unbedingt zu jeder Mühle und seien Sie einer der Vorreiter.

VIII

Dinge, die gefunden werden, bevor sie verloren gehen,
sind immer die ersten, die sie finden. Geben Sie Hunden für ein oder zwei
Pfund ihr Geld zurück. Sie werden etwas Gutes tun, und Sie müssen einen
blauen Billy oder ein gelbes Tuch locker um Ihren Nacken binden, damit
die Leute sehen, [9] dass Sie ein vorsichtiger Mann sind.

IX

Bei Schlag- und Hahnenkämpfen
darfst du nicht zurückschrecken, um ein guter Kerl zu sein. Aber sei ein
guter Kerl und zeige deine Stärke. [11] Du musst einen Plan haben, um zu
gewinnen. Und bei Wettkämpfen und Hahnenkämpfen musst du Freude
haben und immer versuchen, bei jeder Gelegenheit richtig zu liegen.

X

Und Mobbing und Schimpferei auch,
Dir sollte es bekannt sein, Dein Nob ist an Blutergüsse gewöhnt, [12] Und
hart wie jeder Stein. Lege den Kiebosh auf den Dibbery, Erkenne einen
Joey von einem Tibbery, Und ab und zu trinke einen Black Auge, ein Leary
Man zu sein.

XI

Zu Jahrmärkten und Rennen musst du gehen,
und dich in Reihen und Kämpfe ein paar verwickeln, und es ist wahr, dass
es oft dein Plan sein muss, die ganze Nacht draußen zu bleiben. Und geben
Sie Ihr Bestes.

XII

Aber Mummer und Schlummer
müssen Sie im Kopf behalten, denn jeden Tag, denken Sie daran, was ich
sage, werden Sie neue Fälschungen finden. Aber bleiben Sie dabei, solange
Sie kriechen können. Um zu stehen, bis Sie fallen müssen, und wenn Sie Du
bist für alles hellwach. Du wirst ein Leary Man sein.

[1: ausweichen; lernen] [2: Unsinn] [3: Geld] [4: trinken] [5: Hut; Kopf] [6:
Krawatte] [7: Umgangssprache] [8: Notizen] [9: Taschentuch] [10: Hals;
Männer] [11: guter Kerl; Geld] [12: Kopf; Faustkampf]

"HUNDERT STRECKEN HIERHER" [Anmerkungen] [1859]

[Aus *The Vocabulum: or Rogues Lexicon* von GW MATSELL, New
York].

ICH

Oh! Wo werden die Keulungen des Bing sein [1]
Hundert Meilen von hier? [2] Die Bene Morts, die süß singen, [3] Hundert
Meilen von hier?
Die Herbstgacker, Herbstbuchten, [4]
Das lustige Schwert, das wild umherstreift; [5] Und wo der Puffer, der
Schläger, der geblasene, [6] Und alle Bullen und Schnäbel, die es so wissen,
[7] Hundert Meilen von hier?

II

Und wo die so trostlos geklaute Beute [8]
Hundert Meilen von hier? Die geklauten Fingerhüte, Slangs und Schlenker
[9] Hundert Meilen von hier? Die Chips, die Fawneys, die Plauderer [10]
Die Bugs, die Boungs und die gut gefüllten Leser; [11] Und wo der Zaun
und das dösende Ken [12] Mit all den Besserwissern und Schwelgern [13]
Hundert Meilen von hier?

Drittes Kapitel

Sie lagen ausgestreckt, wird man sagen,
in hundert Metern Entfernung; mit Schaufeln wurden sie zu Bett gebracht
[14] vor hundert Metern! Manche waren bis auf die Haut abgerieben und
hatten einen Winder verdorben, [15] und manche waren zerzaust und
hatten eine Scheuklappe bekommen, [16] sie hatten ihr Gepäck verstaut
und waren aus dem Blickfeld verschwunden, [17] wir werden ihnen allen
eine gute Nacht wünschen, in hundert Metern Entfernung.

[1: Wirte] [2: Jahre] [3: hübsche Frauen] [4: verheiratete Frauen und Männer]
[5: Zechkumpan] [6: Schmuggler; Boxer; Hure] [7: Polizist; Richter] [8:
geschickt gestohlene Beute] [9: Uhren; Ketten; Siegel; gestohlen] [10: Geld;
Ringe; Löffel] [11: Brustnadeln; Geldbörsen; Taschenbuch] [12: Hehler;
Bordell] [13: Diebe; Trunkenbolde] [14: begraben] [15: ins Gefängnis
gebracht; hatte eine lebenslange Haftstrafe abgespeist] [16: gehängt; ertränkt]
[17: die Beute losgeworden]

DIE CHICKALEARY COVE [Anmerkungen] [*ca.* 1864]

ICH

Ich bin ein „Chickaleary-Typ" mit meinen eins, zwei, drei, [1]
Whitechapel war das Dorf, in dem ich geboren wurde, denn um mich auf
den Sprung oder auf meinen Tibby-Drop zu bringen, [2] musst du sehr
aufwachen Früh am Morgen. Ich habe ein verrücktes Mädchen, auch ein
kenntnisreicher Kumpel, [3] Und fröhlich zusammen joggen wir weiter, es
ist mir egal, solange ich einen Tacho habe, [4]
Etwas Pannum für mich Brust und ein Tog an. [5] Ich bin ein Chickaleary-

Typ mit meinen eins, zwei, drei, Whitechapel war das Dorf, in dem ich geboren wurde. Denn um mich auf den Hop oder auf meinen Tibby Drop zu bringen, musst du sehr früh am Morgen aufwachen.

II

Jetzt kühlt meine Daunenknie – das ist der Stil für mich, [6] Gebaut nach einem sehr frechen Plan, Der Schaft um meinen Kragen ist in Guiver-Farbe, seht ihr, [7] Und die Weste mit den so schäbigen Behältern, [8] Mein Schneider dient Ihnen gut, von einem Schneider bis zu einem Angeber, [9] Bei Groves können Sie sicher einen sicheren Platz einnehmen, [10] Für den schnellen Yenom gibt es in der Stadt keinen Laden, [11] Kann Groves in The Cut genauso gut schlagen wie in Shoreditch. [12] Ich bin ein Chickaleary-Typ usw.

Drittes Kapitel

Ich werde nach Paris gehen, um
den Dip-Typen ein oder zwei Dinge zu zeigen, was sich in den Cafés abspielt, [13] wie man eine Cross-Fam macht, für einen Super oder einen Slang, [14] und sie großartig zu bewirten 'Waffen, die ich dem Amt geben würde:Jetzt, meine Freunde, ich werde mich verabschieden, wir sehen uns hoffentlich bald wieder. Meine junge Frau erwartet Sie, also seien Sie schnell; Jetzt machen Sie mit bei einem Chyike, dem lustigen, den wir alle mögen, [15] Ich mache eine Party im Vic. Ich bin ein Chickaleary-Typ usw.

[1: Whitechapel swell] [2: hat mich überwältigt] [3: auffällig gekleidet; clever] [4: halfpenny; Hut] [5: Essbares; Mantel] [6: schauen; Hose auffälliger Schnitt] [7: Hals; Blitz] [8: Weste; Taschen] [9: Abstinenzler] [10: Platz] [11: Geld] [12: schlagen] [13: Taschendiebe] [14: beobachten; Kette] [15: Gruß; schreien]

BLÜHENDE ÄSTHETIK [1882]

[Aus *The Rag* , 30. September].

Er

ICH

Ein junger Mann, der mit Koks handelt,
Ein junger Mann, der seinen Rauch verprügelt, Einer, der seine Freunde besoffen macht,
Einer, der mit Mädels löffelt, [1]
Ein junger Mann, dem man einen blasen sollte.

II

Ein junger Mann, der gerne große Lügen erzählt, [2]
Ein junger Mann, der sich mit dem Polizisten herumschlägt, [3] Einer, der
auf gut Glück zahlt, [4] Einer, der immer im Lot ist, [5] Ein junger Mann,
der sicher abgezockt wird. [6]

Drittes Kapitel

Ein junger Mann, der Sonntagsklamotten trägt, [7]
ein junger Mann, der Schweine hütet, [8] ein junger Mann, der alle seine
Nashörner rettet, [9] ein junger Mann, der sich einen großen Schein gönnt,
oh, der bald eine Kneipe haben wird

Sie

ICH

Ein junges Mädchen, das sich mit Puder und Farbe schminkt, ein
junges Mädchen, das nicht ganz eine Heilige ist, ein Mädchen, das immer
eng wird, [10] ein junges Mädchen, das die ganze Nacht wegbleibt und am
Ende ein Kind bekommt. [11]

II

Ein junges Mädchen, das einen Kerl zum Ersticken bringt,
ein junges Mädchen, das Gin einweicht, [12] Auf der Bordsteinkante ein
Cropper sein, von einem Kupfer eingeholt werden, [13] „Geldstrafe von
vierzig Bob" – junges Mädchen.

III

Ein talggesichtiges, heterosexuelles junges Mädchen,
ein junges Mädchen, das nie zu spät kommt, ein erlösungsmummeriges,
rauchloses und glitzerndes junges Mädchen, das von einem Kapitän
gekidnappt wird.

[1: Liebe machen] [2: Lügen] [3: Übergriff auf die Polizei] [4: unbegrenzten
Kredit aufnehmen] [5: im Gefängnis] [6: hängen] [7: Kleidung] [8: Silber] [9:
Geld] [10: betrunken] [11: Kind] [12: Trunkenheit] [13: Polizist]

'ARRY BEI EINEM POLITISCHEN PICKNICK
[Von T Milliken in *Punch* , 11. Okt.]

LIEBER CHARLIE.

ICH

Wie geht's dir, mein Schatz? Scheint köstlich, den alten Namen zu schreiben. Ich habe dich in letzter Zeit ziemlich aus den Augen verloren. Spielst du irgendein dunkles kleines Spiel? [1]Ich bleibe wie immer auf Trab, nur mitten im Spaß, denn wo es Spaß auf der Tanzfläche gibt, da ist Harry so sicher wie eine Pistole.

II

Die neuesten Demonstrationen für Laien. Du hast bestimmt schon davon gehört, Charlie, denn sie sind überall im Laden. Ich habe hier ein seltenes Treiben. Alle meine Samstagsstunden sind der Politik gewidmet. Stell dir vor, alter Trottel, ich mache die Sägespäne-Regel und folge den Leuten auf dem Wahlkampfgelände! [2]

Drittes Kapitel

Aber, Gott segne dich, mein Blässler, es ist nicht alles nur Kinnmusik, Stimmen und „Ohr! Ohr!" [3] Sonst würden sie mich nicht auf frischer Tat ertappen oder mich für neun Pence festnageln. Keine Angst! Ich bin der Wahrnehmungen ein bisschen überdrüssig geworden, des Hufpolsterns und des Hausschwamms, [4] Aber politische Picknicks bedeuten ihnen Zucker, wie Fliegen für alles, was zählt.

IV

Gestern war ich bei einem davon, Charlie; ein ganz normaler Spaß. Der Pallis ist gratis, gemischt mit einem alten Jahrmarkt in einem Park, und Rosherville Gardens dazu, mit einem Schuss Bohnenfest, reicht, um Ihnen eine kleine Vorstellung von unserem Tag mit Sir Jinks Bottleblue zu geben.

V

Machst du viel von uns, Charlie? Herrgott, wir hätten auch blühende Chinesen haben können, die ihre Runden im 'Ealthries drehen. Es war normal, wie du willst. Rasentennis, Quoits, Cricket und Tanzen für diejenigen, die auf dem Sprung sein müssen,

Aber ich pickte und schlich lieber herum und beobachtete die Kerle beim Liebesspiel.

VI

Erwischen Sie mich nicht dabei, wie ich nach einem Riesenball bei 32 Grad im Schatten oder so meine Beine hin und her schwinge, Charlie, alter Junge, ganz und gar nicht. Leichtathletik ist nicht gerade mein Ding, und ein Cutaway und enge Taschen sind genau das Richtige für mich, und lecken Sie Ihre weiten Flanellsachen zu Lumpen.

VII

Also ließ ich sie nach Belieben schmoren; ich schlenderte auf dem Sprung umher.
Das komische Spiel dieser Politik, Charlie, scheint eine Art Geschwätz und Gerede zu sein. Stell dir nur vor, der alte Bluebottle ließe die „vielen" Leute picknicken und Spaß haben
und machte Battersea Park zu seinem Vergnügungsgelände und Bathelmy Fair zu seinem Park!

VIII

„Um seine wahre Liebe für das Volk zu zeigen!", sagt ein großspuriger Dankesredner.
Und ist es nicht unhöflich von einem Kerl, der ein Brötchen mampft, „Walker!" zu rufen? Ich bin bis in die Stiefel ein Tory, und das zu einem gewissen Preis, und ich brüllte: „Hört, hört!" Aber Sie bekommen von mir trotzdem keine Spreu mehr, mein lieber Charlie, keine Angst!"

IX

Old Bottleblue gab mir einen Tipp mit seiner Flosse und sagte, ich hätte mich erfrischt und so weiter. [10] „Aber lieber", sagte ich, „was meinst du?", woraufhin er in seine Augen starrte und ein bisschen rot um die Kiemen wurde. Ich muss mich für einen Trottel gehalten haben, alter Mann, [11]Harry so eine Frage zu stellen – als ob er vorhätte, sich kurz zu fassen.

X

Ich habe die Runde richtig gemacht, sage ich dir; es war wie der freie Lauf einer Bar,
und Politik braucht viel Befeuchtung. Erwische mich nicht mehr auf einem Auto oder mit einem Fahnenmast. Nein, Paraden, mein Junge, sind nicht mein Ding, aber politische Picknicks mit Feuerwerk und viel Alkohol sind nicht so schlecht.

XI

Das Palaver war wie Sägemehl und Sirup. Der alte Bottleblue summte ein wenig,

- 78 -

und ein schnüffelnder junger Wiscount in Seepocken landete, was er für ein Ding hielt; der alte Gladstone sagte, er sei wie Simpsons Waffe, ein bisschen nervig und so, als ein lärmender junger Rad ihm in heller Erwartung eine Standpauke halten wollte! [12]

Zwölftes Kapitel

Ja! Buh! Mach ihn fertig!' singt der Unterzeichnete, der dachte, der Spaß wäre bei 'nem Ende, aber, Gott segne dich! 's war nur ein Gestammel. Ich kann nicht sagen, dass das Treffen großartig aussah. Fünftausend haben sie uns geschätzt, Charlie, aber wenn ja, dann schätze ich, dass die drei sich im Flur herumgelöffelt haben oder Brötchen und Bohea geschlemmt haben.

Dreizehnte

Die Band und das Geschehen waren jedoch erstklassig, und natürlich war Arry voll dabei. Ich hatte mehrere Auftritte mit einer flotten jungen Party mit kräftiger, bunter Ausstrahlung. Sie nannte mir ihren Namen Polly, und als ich in meiner fröhlichsten Art sagte: „Polly ist netter als Politik!", wurde sie nicht rot und lächelte?

XIV

Wir kamen gerade rechtzeitig zum Feuerwerk zurück, einem richtigen Feuerwerk und keinem Kind, das die Vorführung an diesem Tag beendete und viele Pfund gekostet haben muss. Was Feuerwerk und Parkvorführungen demonstrieren, Charlie, ich bin gesegnet, wenn ich das sehe, und ich bin verdammt, wenn mir einer von den Fingern brennt, solange ich einen billigen Einkaufsbummel mache.

Fünfzehntes Kapitel

Das Geplapper ist natürlich alles Wau, aber es passt zu den Brötchen und dem Bier. Wenn es den Bonzen gefällt, zu schwadronieren, dann kostet es nichts, zu jubeln. Obwohl sie es nicht drauf haben, Charlie, haben die feinen Bonzen es nicht drauf – kein Go und keine Würze! Ich würde Barney Crump bei unserem Singsong unterstützen, um sie zwei von zwei Malen zu verprügeln!

XVI

Trotzdem bin ich ganz für die Lords und ihre Leute, Charlie. Rads sind mein Fehler, weißt du. Ändere R in C und du hast sie, und 'Arry 'frisst alles, was niedrig ist. Wenn also Demonstrationen Feldlerchen bedeuten und so viel Lotion, wie du tragen kannst, dann können diese 'Büsten spontaner Meinung' rundum auf 'Arry zählen.

[1: Sehen] [2: Unsinn] [3: Reden] [4: Gehen] [5: Essen; Narren] [6: Hosen] [7: Herumschleichen] [8: Notizen] [9: fangen] [10: Hände schütteln] [11: Gesicht; Narr] [12: etwas, worüber man reden kann]

„RUM-BUCHTEN, DIE UNS ERLEICHTERN" [1887]

[Von HEINRICH BAUMANN in *Londonismen*].

ICH

Rum-Buchten, die uns [1]
von Schrott und Stücken befreien, [2]sind im Allgemeinen ziemlich in
Verlegenheit, [3]oder das Weichei-Pech hat es erwischt. [4]

II

Werden Zerstörer und Taucher [5]
und edle Ermittler nicht an die Schnäbel [6] verkauft, an die Polizisten und
Diebe? [7]

Drittes Kapitel

Doch die herumlungernden Erzbetrüger [8],
die Betrüger aushecken,
ernten wie ihre eigenen
, was von anderen gesät wurde.

IV

Piratenhafte Schwindler [9]
von Unsinn in Hülle und Fülle, diese Dreckwürmer aus Abschaum machen,
oh, einen großen Strich durch die Rechnung.

V

Aber da spielt es keine Rolle,
da ich, um es noch dicker zu machen, dieses Buch geschrieben habe.

VI

Sag es dir? Vy in Rum Kens, [10]
In Flash-Krippen und Slum-Höhlen, [11]Ich' die Gassen und Höfe,'Mong
die doocedest Sorten;

VII

Or Mag und Billie herumschnüffelten , schob Ve in Schwarz ihr illigantes
Klackern hin.
[12]

VIII

Also von hartnäckigen jungen Schwindlern,
von vaxigen alten Kauzikern, [13]Von den Blödmännern, die ich
bekommen habe, [14]bald wissen, dass Abstimmung gleich Abstimmung
ist.

IX

Dann gibt es da ja noch eine üppige
Einlage der köstlichsten und köstlichsten Elstertorte! [15]Willst du kommen
und es versuchen?

[1: Diebe] [2: Geld] [3: eingesperrt] [4: gehängt] [5: Geldfälscher;
Taschendiebe] [6: Richter] [7: Polizei; Informanten] [8: Herumschleichen;
Bettelbriefschreiber] [9: Schreiber von "Blut und Donner"] [10: merkwürdige
Orte] [11: Rückzugsorte für Diebe] [12: Gespräche] [13: Männer] [14:
Prostituierte] [15: Sprache]

VILLONS GUTE NACHT [1887]

[Von WILLIAM ERNEST HENLEY].

ICH

Ihr Bibelversessenen, die ihr auf die Bottiche haut, [1]
Ihr Lauerer auf dem Abramsham, [2] Ihr Schmarotzer, die in den Pubs
rumhängen, [3] Ihr Gekichererbsen, die ihr so gern flambiert, [4] Ihr Juden,
die ihr für den Stramm klatscht, [5] Ihr Schwätzer, die gut groß reden
können, Mit den Fäusten auf eurem rechten Hintern— [6] Eine gute Nacht
euch allen! [7]

II

Ebenso ihr Mollen, die ihr eure Brüste blitzen lasst [8]
damit die Seeleute euch sehen und euch aufhalten können, [9] Ihr blutigen
Hauben, Möpse und U-Boote, Ihr klatschnassen Schollen, die ihr stampft
und knallt. [10] Ihr mutigen Magnaten, die ihr den Cram bearbeitet, [11] Ihr
großen und kleinen Flats und Joskins, Ihr lustigen Graswitwen und
Gesetzeshüter – [12] Ein paar gute Nacht euch allen!

Drittes Kapitel

Für euch, ihr Bullen, Spitzel und Dummköpfe, [13]
die mich auf dem Schlachtfeld kniffen, [14] und mir Mumps und Mulligrubs
gaben, [15] mit Gesöff und Gewäsch, das mich ruhig machte, [16] gegen
euch hebe ich nur mein Bein – [17] ich trinke auf euer Wohl gegen die
Wand! [18] So ein Mann bin ich, ein paar gute Nacht an alle!

Der Abschied .

Paste 'em, und larrup 'em, und lamm!
Gib Kennedy, und bring sie zum Kriechen! [19]Es ist mir verdammt egal,
ein paar gute Nacht an alle.

[1: falsche Kleriker] [2: Bettler, der Krankheit vortäuscht] [3: Schmarotzer;
Faulenzen] [4: freche Mädchen; Unsinn] [5: Frauenkleidung; Spiel] [6: Ringe;
rechte Hand] [7: Dirne] [8: Prostituierte; Paparazzi bloßstellen] [9: sehen;
bezahlen] [10: Kasperletheatermann] [11: plappernder Händler] [12: Ehefrau]
[13: Polizei; Informanten; Wärter] [14: verhaftet; stehlen] [15: „die Blauen"]
[16: Essen verweigern] [17: Bein] [18: urinieren] [19: sie verprügeln und sie
zum Rühren bringen]

VILLONS GERADE SPITZE ZU ALLEN KREUZBUCHTEN
[Anmerkungen] [1887]

[Von WILLIAM ERNEST HENLEY].

„Alle Wirtshäuser und Mädchen"

ICH

Angenommen, Sie scheißen oder gehen billig? [1]
Oder die Weiber vortäuschen? oder eine Feige oder ein Fingerhut? oder
einen Scherz machen? Oder eine abfällige Bemerkung machen? oder einen
Lappen zerschlagen? Angenommen, Sie sind dumm? oder Nose und Lag?
Oder den Straight bekommen und Ihren Pot landen? Wie schmilzt man den
Multy-Swag? Alkohol und die Blowens machen das Ganze zunichte.

II

Geige oder Zaun oder Streitkolben oder Mack;
Oder moskeneer, oder den Drag aufblitzen lassen; Dead-lurk eine Krippe,
oder einen Crack machen; Füllen Sie mit einem Slang auf oder schmeißen
Sie eine Kippe weg; Bonnet, oder tout, oder mump and gag; Rasseln Sie mit
den Tätowierungen, oder markieren Sie die Stelle. Sie können keinen
einzigen Hirsch aufhalten: Alkohol und die Blowens machen das Los.

III

Angenommen, Sie versuchen einen anderen Weg,
und auf dem Platz zeigen Sie Ihre Flagge? Beim Penny-a-Lining machen Sie
Ihren Schlag, oder mit dem Mummerbecher und dem Knebel? Für nix, für
nix die Dibbs, die du einsackstBei jeder Transplantation, egal was! Deine
fröhlichen Kobolde stravag bald: Alkohol und die Blowens machen den
Lor fertig.

Die Moral.

Es ist Up-the-Spout und Charley-Wag
mit Tüchern und Tickern und was nicht! Bis die Quetschpresse Ihren
Schrott erstickt, erledigen Booze und die Blowens das Ganze.

[1: Siehe Anmerkungen zur Übersetzung]

KULTUR IN DEN SLUMS [1887]

[Von WILLIAM ERNEST HENLEY: „Eingeschrieben einem intensiven
Dichter"].

I. *Rondeau.*

ICH

"Oh je, Bill!", sagt sie zu mir, sagt sie.
"Pass auf", sagt sie, "mit den Sossiges dort. Ja! Pass auf mit den Tüten
voller Geheimnisse dort! [1]Sieh mal!", sagt sie, "Sieh mal! Alter Kumpel",
sagt sie, [2]"ich habe verdammten Hunger, nicht mehr und nicht weniger."
[3]

II

War es nicht großartig – ich überlasse es Ihnen, zu raten,
wie großartig! Ein Judas in Liebeskummer [4] kam, sich an ihn schmiegte
und Balmilee murmelte, [5] "O meine Güte, Bill!"

Drittes Kapitel

Denn auf so rüde Weise drückt die Liebe [6]
ihre blühenden Ansichten aus und fragt nach deiner Adresse, und macht es
richtig und tut das Fröhliche und Freie. Ich habe sie geküsst – das habe ich
getan! Und sie und ich waren Freunde. Und wenn das kein gutes Geschäft
ist. Meine Güte, Bill!

II. *Villanelle* .

ICH

Sind sie das nicht absolut auch? [7]
(Sie ses, meine Frau, meine, ses sie), ihnen fliegen meine kleinen blauen
Stücke. [8]

II

Joe, du hast sie einfach cool gemacht – schön und schief [9]
Bei unserem alten Meogginee, sind sie das nicht absolut auch?

III

Sie sind besser als ein Topf und eine Schraube.
Sie kommen einem Sonntagsbummel gleich. Sie fliegen mit meinen kleinen
blauen Stücken!

IV

Angenommen, ich stecke sie in den Kamin, [10]
Und saufe den Gewinn, Joe? Nicht ich. [11]Sind sie das nicht absolut auch?

V

Ich mache den Igh-Art-Fake, das tue ich.
Joe, ich bin vollkommen; und ich *sehe*
Sie meine kleinen blauen Stücke fliegen.

VI

Aus diesem Grund, Joe, spreche ich zu dir –
ästhetisch und schlaff und frei – sind sie nicht völlig zu-auch, sie fliegen mit
meinen kleinen blauen Flecken?

III. *Ballade* .

ICH

Ich lese oft in aller Stille die
Gedichte von At Booty Shelley; [12]Ich denke, dass Swinburne an einem
Estrich wirklich fast zu-zu-fliegen ist; Bei Signor Vagnas Harmonie [13]Ich
mag ein fröhliches kleines Flattern; Ich hatte bei Pater schon so manche
Scheu; Tatsächlich ist meine Form das Bloomin' Utter .

II

Meine Marke ist ein ordentlicher kleiner Feed,
und Enery Irvings Galerie, um zu sehen, wie der alte Amlick blutet, und
Ellen Terry auf dem Würfel, oder Frankys Geister bei Hi-Spion, und Partys,
die auf einem Fensterladen stattfinden [14] Das sind vulgäre Coupeaus
mein Auge! Tatsächlich ist meine Form das Bloomin' Utter.

III

Der Grosvenor ist verrückt – das ist er tatsächlich!
Ich entscheide mich für 'Olman' Unt like pie. Das kommt einer
freundlichen Führung gleich [15]Um zu sehen, wie B. Jones' Judes
vorbeigehen.
Stanhope, er bringt mich zum Weinen,
Whistler, er bringt mich zum Schmelzen wie Butter, Strudwick, er bringt
mich dazu, meinen Cly zu zeigen – [16] Tatsächlich ist meine Form der
Bloomin' Utter.

Gesandter .

Ich bin für jede Kunst da, die „Igh!" ist.
Ich rede so leise, wie ich stottern kann; ich halte heimlich einen Dado;
tatsächlich ist meine Form der Blooming Vutter!

[1: Würstchen] [2: Freund] [3: sehr hungrig] [4: Mädchen] [5: Streicheln;
leise] [6: so ausdrucksvoll] [7: nett] [8: zB Porzellan] [9: anschauen] [10:
Bauer] [11: trinken] [12: Botticelli(?)] [13: Wagner(?)] [14: The Corsican
Brothers(?)] [15: Notizen] [16: Geld ausgeben]

„TOTTIE" [1887]

[Von „DAGONET" (GR SIMS) in *Referee* , 7. Nov.].

ICH

mit ihren kleinen „Fleischtellern" die Straße entlangging , [1]und der
Sommersonnenschein auf ihren goldenen „Barnet Fair" fiel, [2]hell wie
Engel vom Himmel waren ihre dunkelblauen „Mutton Pies".
[3]In meinem „Ost und Westen" schoss Dan Cupid einen Pfeil ab und ließ
ihn dort liegen.

II

Sie war ein griechischer „vermutlich" [5]
und zwei Reihen von „Hampstead Heath", [6]in ihrem „sonnigen Süden",
der glänzte [7]wie zwei hübsche Perlenketten; hinunter auf mein „Brot und
Käse". ' [8] Habe ich mich fallen lassen und gemurmelt: ‚Bitte sei mein
„Sturm und Streit", lieber Tottie, [9] O, du liebstes aller Mädchen!'

III

Dann ein „Wow-Wow" an ihrer Seite, [10]
die bis dahin gestanden und versucht hatte, eine „Jenny Lee" zu verbannen,
[11] die auf seinem „Jonahs Wal" war, [12]
ein hydrophobes Bellen von sich gab
(sie weinte: „Was für eine Arche Noah!") [13] Und durch meinen „Rang
und Reichtum" [14] griffen meine „Cribbage Pegs" an. [15]

IV

Bevor ich ihre Bulldogge aufhalten konnte,
hatte sie einen „Ginger Pop" gerufen, [16] der sagte: „Was zum „Henry
Meville" [17] meinst du, du machst da?" Und ich hörte, wie ich
davonschlich „Na ja, der „Jumbos Koffer" des Kerls! [18]Und der „Walter
Joyce" gehörte Tottie. [19]Mit dem goldenen „Barnet Fair". [20]

[1: Füße] [2: Haare] [3: Augen] [4: Brust] [5: Nase] [6: Zähne] [7: Mund] [8:
Knie] [9: Frau] [10: Hund] [11: fliehen] [12: Schwanz] [13: Lerche] [14:

Hosen] [15: Beine] [16: Fraß = Polizist] [17: Teufel] [18: Betrunkener] [19: Stimme] [20: Haare]

Eine Plankenbett-Ballade [1888]

[Von „DAGONET" (GR SIMS) in *Referee* , 12. Feb.].

ICH

Verstehen Sie mich bitte so: Ich bin ein fahrender Dieb.
Die Gonophs nennen mich alle Zigeuner. [1]Ich reite auf der
Klapperschlange, wenn ich meinen Auftrag angenommen habe. [2]Und ich
hänge mir eine alte Klapperschlange auf den Rücken. [3]

II

Wenn ich ein nettes Plauderchen mache, dann greife ich nach dem Keil. [4]
Aber ich bin kein „besonderer" Räuber. Ich bin selbstgefällig, wenn ich eine
Schneegans auf der Hecke sehe. [5] Und ich bin auch nicht abgeneigt,
Gänseblümchen und Klamotten zu tragen. [6]

Drittes Kapitel

Eines Tages machte ich einen Ausflug mit zwei Firmen in meinem Haus,
[7]
Und ein Spielzeug und ein Angelgerät – beides rote Dinge; [8]Und ein
Funke Stütze, ein Kumpel (ein guter Schraubenzieher) und ich [9]hatten bei
der Arbeit zwei tote Leute berührt.

IV

Ich nahm einen Dukaten, um in die Stadt zurückzukehren [10]
(ich war mit der Klapper nach Dover gekommen),
als ich sah, wie ein Haspel mich braun röstete, [11]
und er klopfte: „Ich werde dich einfach umdrehen." " [12]

V

Ich habe geguckt, aber der Hasel hat mir heißes Rindfleisch gegeben, [13]
Und ein Schlag kam um mich herum und brüllte; Ich zog einen
Schnittlauch heraus, aber ich kam bald zum Scheitern, [14]Und mit
Schrauben und einem James wurde ich gefesselt. [15]

VI

Ich war satt und bekam dann drei Stadien für den Job,[16]
Und meine Reise – verdammt, der Tag, an dem ich sie gesehen habe –
[17]Sie verkaufte mein Haus an ein paar Freunde in ihrer Bande, [18]Für ein
paar Schriftart und zehn Deener. [19]

VII

Oh, Donnys und Omees, was mich anspornt, [20]
ist, wie mir ein Becher sagt (er erzählt Whoppers), [21]dass ich hätte
schmieren sollen, um mich aus der Ruhe zu halten, [22]die Herzöge der
Narken und der Kupfermünzen. [23]

[1: Jungen] [2: Schiene; Ticket] [3: Korb] [4: sehen; Pferd; geh für;
Silberplatte] [5: stehlen; Leinen] [6: Stiefel; Kleidung] [7: 5-Pfund-Scheine;
Tasche] [8: Uhr; Kette; Gold] [9: Diamantnadel] [10: Ticket] [11: Detektiv;
musterte mich genau] [12: sagte; suche dich] [13: rannte; Tee; verfolgte
mich] [14: Messer] [15: Einbrecherwerkzeuge; gefangen] [16: in
Untersuchungshaft; Jahre] [17: Geliebte] [18: Freunde; Satz] [19: 5-Pfund-
Noten; Schilling] [20: Mädchen; Gefährten] [21: Mann] [22: bestochen] [23:
Hände; Detektive; Polizei]

DAS RONDEAU DES KNOCK [1890]

[Von „DAGONET" (GR SIMS) in *Referee*, 20 Ap. S. 7].

ICH

Er hat den Schlag eingesteckt! Nicht mehr mit flotter Miene [1]
Er wird den "Schub" haben, der den Punter zum Staunen brachte; Nicht
mehr mit Affen, jetzt wird er wetten [2] Und den ewig murrenden
Feldspieler fröhlich machen. Ein weiterer Plunger hat seinen kleinen
Auftritt gehabt [3] Und dann kam der Montag, an dem er nicht "justieren"
konnte; [4] Seiner Plunes beraubt, ein armer, entblößter J [5] Er hat den
Schlag eingesteckt! Wo ist er jetzt? Ah! Das Echo antwortet "wo"? Auf dem
Rasen hatte er seinen kleinen Tag Und als er, steingebrochen, nicht mehr
zahlen konnte [6] Er
ließ den Ring zurück, um mit den Zähnen zu knirschen und zu schwören
Er hat den Schlag eingesteckt!

[1: gab nach] [2: £500] [3: Gelegenheit] [4: zahlen] [5: Kerl] [6: ruiniert]

DER REIM DES RUSHERS [1892]

[Von DOSS CHIDERDOSS in *Sporting Times*, 29. Okt. *In
angemessener Reimsprache*].

ICH

Eines Nachts war ich unter strenger Abstinenz unterwegs, [1]
weil ich mir keinen Abfluss leisten konnte; ich trug eine undichte Hose, ich
bin über Wasser, [2] und es ging los nach Frankreich und Spanien. [3]Aber
dem Stier und der Kuh wurde ein Knirps beigemischt, [4]Und ich half ihm,
eine Koje zu machen; [5]Er war auf dem I'm so tap gewesen, und jetzt [6]
Er war ein bisschen wie ein Elefantenrüssel. [7]

II

Er bot mir an, mir einen Schnaps zu spendieren, also [8]
nahm ich ihn mit zum „Mug's Retreat"; und versuchte, meine Runde durch
die Häuser zu trocknen [9] bei der Wärme der Anna Maria. [10] Er blieb bei
dem „Ich bin so, um seine Sorgen zu ertränken", während ich in die Ferne
und in die Nähe ging, [11] bis die Uhr auf den Äpfeln und Birnen [12] uns
das Büro zum Räumen gab. [13]

Drittes Kapitel

Dann hatten wir im Club noch einen Kampf,
und ich ließ ihn schlafen, bis ich seine Raketen umgestülpt hatte [14] und es
geschafft hatte, meine eigenen zu füllen. Natürlich hatte ich den Trick mit
der halben Unze versucht, [15] und wir stritten und gerieten in
Handgreiflichkeiten; aber ich warf ihn schnell aus dem Roiy, und er fiel
wohl auf seine. [16]

IV

Und er lag da und betete für mich,
ohne die Teller mit Fleisch zu hören [17] von einem Fraß, der ihn nach „d.
und d." schnappte [18] und einen friedlichen Rhythmus störte,
und ich lächelte, als ich meine beiden Mince Pies zuklappte [19]
auf meinem Insektenspaziergang; denn aus seinen Federn hatte ich einen
Auftrieb genommen, [20] und sein Bleiben an Ort und Stelle war verboten.

V

Am nächsten Morgen frischte ich mein Barnet Fair-Outfit auf [21]
und machte mich ziemlich schick; dann machte ich mich mit sorgloser
Miene auf den Weg und aßen zufrieden Himbeertorte. [22] Im ersten
großen Pub beschloss ich, wenn möglich, [23] meinen Glücksstern zu
probieren; also gab ich dem Chef ein Blatt Papier weiter, [24] der im „Da
sind Sie ja" Getränke servierte. [25]

VI

Er schaute auf die Notiz, und die Luft begann
mit seiner Sprache, Feder und Tinte zu zeichnen; [26]Denn der Becher, den
ich geplündert hatte, war sein Hauptmann gewesen, [27] und hatte ihn für
viel Geld erledigt. [28]Ich bin gesegnet, wenn mein Glück nicht brummt
und ha, denn ich habe den Punkt mit Geschick argumentiert; aber das
Einmal in der Woche hat mich dazu gebracht, ta-ta zu gehen. [29] Einen
Monat lang kann ich nicht still bleiben. [30]

[1: ohne Trinken] [2: Mantel] [3: Regen] [4: anschwellen; Reihe] [5:
wegkommen] [6: Rap] [7: betrunken] [8: trinken] [9: Hosen] [10: Feuer] [11:
Bier] [12: Treppen] [13: Warnung] [14 : Taschen] [15: hüpfen] [16: Nase]
[17: Füße] [18: Polizist; verhaftet; betrunken und unordentlich] [19: Augen]

[20: er; Vorteil] [21: Haare] [22: Herz] [23: möglich] [24: Banknote] [25: Bar] [26: Gestank] [27: Kerl; betrogen] [28: ausgeraubt; Geld] [29: Schnabel] [30: ewiges Rad=Mühle]

WOT, Cher! [Anmerkungen] *oder Knocked 'em in the Old Kent Road.* [1892]

[Von ALBERT CHEVALIER].

ICH

Letzte Woche kam ein feiner Bursche durch unsere Gasse, [1]
ein netter alter Knacker mit einem fiesen Husten, [2] sieht meine Frau und
nimmt seinen Zylinder ab [3] auf sehr gentlemanhafte Weise! „Ma'am", sagt
er, „ich habe Neuigkeiten zu erzählen, Ihr reicher Onkel Tom aus
Camberwell, der vor kurzem abgehauen ist, was kein Schnäppchen ist, [4]
lässt Sie sein kleiner Esel Shay zurück."
„Was soll das!", riefen alle Nachbarn,
„mit wem gehst du dich treffen, Bill? Hast du die Straße gekauft, Bill?"
Lacht! Ich dachte, ich wäre gestorben, hätte sie in der Old Kent Road
umgehauen! [5]

II

Manche sagen böse Dinge über den Bus, [6]
Ein Junge meint, sein Bein sei wirklich gebrochen, [7] Das ist Neid, denn
wir sind Kutschenfahrer, wie die feinen Typen, die in Rotten Row fahren!
Genau! Es hat die Gasse ein bisschen aufgeweckt, [8] Ich dachte, unser
Untermieter hätte einen Anfall bekommen, als meine Frau, die ein richtiger
Witzbold ist, sagte: „Ich habe einen Bus gefressen, weil er niedrig ist!" „Was
für ein Schatz!" usw.

Drittes Kapitel

Als wir losfuhren, blieb der gesegnete Esel stehen.
Er will sich nicht bewegen. Also stürmte ich schnell hinaus. Die Kumpels
fingen an, ihn zu verprügeln. Als er zu Boden fiel, sagte jemand, er sei nicht
dafür gemacht. Es hätte auch ein Vierer sein können. Meine alte
Holländerin weiß, wie man den Grand macht. [9] Zuerst verbeugt sie sich,
und dann winkt sie und ruft: „Wir wollen einen Schlag!" „Was für ein
Schatz!" usw.

IV

Jeden Abend um Punkt fünf
machen meine Frau und ich eine kleine Autofahrt. Du würdest sagen:
„Wunderbar, dass sie noch am Leben sind." Wenn du den kleinen Esel
gehen sehen würdest, habe ich ihm bald gezeigt, dass er es ist tun müssen,

genau das, was er wollte, trotzdem werde ich diese rüpelhafte Crew nicht vergessen, „Ollerin" „Woa! Steady! Neddy Woa! „Wot cher!" &c.

[1: gut gekleideter Mann] [2: Mann] [3: Hut] [4: gestorben; Fehler] [5: ließ sie starren] [6: Esel] [7: Kerl] [8: kein Fehler] [9: Frau; eine Show machen]

UNSER KLEINER NIPPER [Notizen] [1893]

[Von ALBERT CHEVALIER].

ICH

Ich bin so ziemlich der stolzeste Mann, der gehen kann,
ich habe einen kleinen Biss, wenn er redet. [1] Ich gebe dir vierzig Glanzlichter für ein Pfund. [2] Du wirst ihn für den Vater halten, mich Da ich noch nie mit einem Kind gesegnet war, musste ich das Kind selbst großziehen. Und obwohl Bildung kostenlos war, bekam ich immer die besten Tipps von mir. [3] Und er ist ein kleiner Champion. Mach mich stolz, er ist ein echter Knaller. [4] Kommt nach mir und ist kein bisschen zu groß. Er nennt seine Mutter „Sally" und seinen Vater „guter alter Kumpel", und er steht nur so herum, das ist alles!

II

Er macht mich mit Kegeln und Flukes an, [5]
und wenn er will, kann er seine "Dooks" benutzen, [6] Siehst du, wie er sie aufstellt, na, da ist es großartig, er hält einiges aus bei seinem Gewicht; er hält sich für seine Kumpels wie ein Brite, und er ist nicht einfach ein Schreck bei den Mädels; ich sehe ihm gern zu, wie er eine tolle Leistung abliefert, wenn er unsere Gasse entlang auf dem Feld läuft. [7] Da, er ist ein kleiner Champion, mach mich stolz, er ist ein Volltreffer, ich habe gesehen, wie er es mit einem Mädchen von über 1,80 m aufnimmt; er legt sich aufs Bett, [8] Sag, ich gehe mit Flossie aus, und er steht nur so hoch da, das ist alles.

Drittes Kapitel

Früher bin ich jeden Abend auf eine Kneipentour gegangen [9]
und bin sehr, sehr oft nach Hause gekommen, [10] aber jetzt, von all diesen Sachen, die ich losgeworden bin, will ich immer zu den Kindern nach Hause. Ich bin richtig stolz darauf, ihnen etwas beizubringen, nicht Bücher natürlich, denn die kann er nicht ausstehen, sondern kleine, raffinierte Manieren, [11] die die Leute aufhorchen lassen, wenn wir da sind. [12]

(*Gesprochen*) – Erst letzten Sonntag gingen ich und meine Frau mit ihm spazieren – ich sollte sagen, er hat uns mitgenommen. Als wir zusammenkamen, sagte ich zu dem alten Mädchen: „Lass uns ins ‚Broker's Arms' gehen und einen Tropfen Bier trinken?" Sie erhob keine Einwände,

also gehen wir rein, gefolgt von „is nibs" – ich hatte alles über „im"
vergessen –, ich gehe zur Bar und rufe nach zwei Töpfen mit vier Alf;
Plötzlich spüre ich, wie ich an meinem Mantel zerre. „Was geht?" Sez I;
„Wonach hast du gerufen?" sez 'e; „Zwei Töpfe mit vier Alf", sez I; „Oh",
sagte er, „wird Mutter nicht keine haben?"

Also, er ist ein kleiner Champion.
Machen Sie mich stolz, er ist ein Volltreffer. „Trinken Sie aus", sagt er.
„Drei Töpfe, Miss, ich entscheide." Ich sage: „Jetzt Jacky, Jacky." Er sagt:
„Und eine Schraube Tabak." Und er steht nur so hoch da, das ist alles.

[1: Kind] [2: Schilling, Pfund] [3: Informationen] [4: Notizen] [5: Notizen]
[6: Hände] [7: umwerben] [8: elegant] [9: Runde Ginshops] [10: betrunken]
[11: lustig] [12: starren]

DIE SERENADE DES COSTER [1894]

[Von ALBERT CHEVALIER].

ICH

Du bist noch nicht vergessen an jenem Abend im Mai,
unten am walisischen 'Arp, das ist 'Endon Way', du hast dir
Strandschnecken und eine Kanne Tee vorgestellt, "Vier 'alf", murmelte ich,
ist "gut genug für mich." ein Wort der Hoffnung, dass ich gewinnen kann –
Du stößt mich sanft mit der Winkle-Nadel an – Wir waren an diesem Tag
so aufgeregt, wie es nur sein konnte. Unten im walisischen Arp, dem
Endon-Weg.

Oh, 'Arriet, ich warte, warte auf dich, meine Liebe,
Oh, 'Arriet, ich warte, warte allein hier draußen; Wenn dieser Mond aufhört
zu scheinen, wird mein Herz falsch sein, ich bin verpflichtet, dich weiter zu
lieben, meine Liebe; Hast du ein Ohr?

II

Du hast nicht vergessen, wie wir an diesem Tag
in meinem Eselstall zum walisischen Arp gefahren sind. Leute mit einem
„Chy-Ike" riefen: „Sind sie nicht schlau?" [1]Du sahst aus wie eine Königin,
ich durch und durch ein Bart. Es schien, als würde der Idiot sagen: „Mach
mich stolz."
Meiner ist der vornehmste in der Menge; [2]
Ich in meinen „Pearlies" fühlte mich an diesem Tag bekloppt, [3]unten am
walisischen 'Arp, dem Endon-Weg. Oh, 'Arriet usw.

III

Vor acht Monaten und die Dinge sind immer noch die gleichen.
Du bist hier unter deinem Mädchennamen bekannt, ich werde von meinen

Kumpels geärgert, denn warum? [4]Jeden Abend trällere ich hier für deine Antwort. Der Sommer ist vorbei, und es ist jetzt eiskalt, die Liebe brennt immer noch in meinem Herzen, das schwöre ich; genau wie in dieser heißen Nacht im MayDown im Welsh „Arp, das ist Endon-Art." Oh, 'Arriet usw.

[1: schreien] [2: am besten; Falle] [3: anschwellen] [4: aufgeschreckt]

ANMERKUNGEN

Reime der Canting Crew. [Fußnote: In diesen Anmerkungen wurde kostenlos auf das *National Dictionary of Biography zurückgegriffen* ; ein Werk, das zweifellos die neuesten und sorgfältigsten biografischen Informationen enthält, von denen viele aus keiner anderen Quelle erhalten werden konnten.]

Abgesehen von der Tatsache, dass sie das früheste bekannte Beispiel der Canting-Rede oder des Pedlar-Französischs in der englischen Literatur sind, sind diese Zeilen von geringem Interesse. Sie sind zwar in ihrer Aussage oder Bedeutung traurig, aber als Vers sind sie noch trauriger. Da sie jedoch um ein halbes Jahrhundert oder mehr älter sind als die von Awdeley und Harman angeführten Beispiele, besitzen sie einen gewissen Wert. Sie führen uns fast zurück zu den Anfängen des Canting, jedenfalls zu der Zeit, als die Geheimsprache der Gauner und Vagabunden erstmals eine konkrete Form annahm.

Dieser Jingle populärer Canting-Phrasen, der fast willkürlich aneinandergereiht ist, wird normalerweise Thomas Dekker zugeschrieben (der sie körperlich und mit Fehlern an *Lanthorne und Candlelight „übermittelte"*, *veröffentlicht 1609) und stammt von Robert Copland (1508-1547).* , der Autor von *The Hye Way to the Spyttel House* , einer nach 1535 gedruckten Broschüre, von der heute nur noch zwei oder drei Exemplare bekannt sind. Copland war Druckerautor; in der früheren Funktion ein Schüler von Caxton im Büro von Wynkyn de Worde.

Der Plan von *The Hye Way* ist einfach. Copland, der während eines vorübergehenden Regenschauers in der Nähe des St. Bartholomew's Hospital Zuflucht sucht, verwickelt den Träger in ein Gespräch über die „Losels, mächtigen Bettler und Vagabunden, die Michers, Heckenläufer, Fylloks und Luskes", die „um Unterkunft um unseres Herrn willen bitten". Daraufhin wird ein lebendiges und kraftvolles Bild der Schattenseiten des gesellschaftlichen Lebens der Zeit gezeichnet. Alle Klassen von „Vagrom-Männern" mit ihren Betrügereien und Machenschaften werden zur Prüfung verabschiedet, und als Copland nach ihrer „busigen" Rede fragt, unterhält ihn der Portier mit diesen Zeilen.

Zeilen 2 und 4. *Bousy* = betrunken, soffen, ausschweifend. So Skelton in *Elynoor Rommin* (Harl. MSS. ed. Park, I. 416): „Ihr Gesicht ganz *schief*". *Booze* = viel trinken, ist noch immer umgangssprachlich; und = trinken, war schon im Jahr 1300 n. Chr. in Gebrauch. Zeile 4. *Cove* (oder *Cofe*) = ein Mann, eine Einzelperson. *Maimed nace* (*nase* oder *nazy*) = hilflos betrunken; lat. *nausea* = Krankheit; *vgl*. Zeile 9: „ *nace gere* ". Zeile 5. *Teare* (*toure* oder *towre*) = schauen, sehen. *Patrying cove* (*patrico, patricove* oder *pattercove*) = ein umherziehender Priester; *vgl*. Awdeley, *Frat. of Vacabondes* (1560), S. 6.:— „Ein Patriarke Co.

schließt Trauungen, und zwar bis der Tod die Verheirateten scheidet, und zwar so: Wenn sie zu einem toten Pferd oder einem toten Catell kommen, geben sie sich die Hand und gehen so auseinander, jeder auf seine Weise." Die Form „ *patrying cove*" scheint eine Ableitung von „pattering" oder „murmeling" anzudeuten – das Vaterunser wurde bis zur Zeit der Reformation vom Priester mit leiser Stimme rezitiert, bis „und führe uns nicht in Versuchung", als der Chor einstimmte. *Darkman*

cace (oder *case*) = ein Schlafgemach oder -ort – Station, Scheune oder Gasthaus: *darkmans* = Nacht + lat. *casa* = Haus usw.: ‚ *mans* ' ist ein gebräuchliches Affix im Jargon = ein Ding oder Ort: *zB lightmans* = Tag; *ruffmans* = ein Gehölz oder Busch; *greenmans* = die Felder; *Chepemans* = Cheapside-Markt usw. 6. Zeile. *docked the dell* = deflowered the girl: *dell* = Jungfrau; *siehe* Harman, *Caveat* (1575), S. 75: – ‚Ein dell ist ein junges Weib, zeugungsfähig und noch nicht vom aufrichtigen Mann gekannt oder gebrochen'. *Coper meke* (oder *make*) = ein halber Penny. 7. Zeile. *His watch* = er: *my watch* = ich oder mich: *vgl* . ‚his nabs' und ‚my nabs' im modernen Slang. *Feng* (AS) = bekommen, stehlen, schnappen. *Aussprache: nobchete* = Prinzenhut oder -mütze: *cheat* (AS) = Ding, und hauptsächlich als Affix verwendet: daher *belly-chete* = eine Schürze; *cackling-chete* = ein Vogel; *crashing-chetes* = die Zähne; *nubbing-chete* = der Galgen und so weiter. 8. Zeile: *Cyarum, bei Salmon* – die Bedeutung von *cyarum* ist unbekannt: *bei Salmon* (oder *Solomon*) = der Schwur eines Bettlers, *z* . B. beim Altar oder der Messe. *Pek my jere* = Exkremente essen: *vgl* . „Scheiße in deinem Mund". 9. Zeile: *gan* = Mund. *Meine Uhr* , siehe *ante* , Zeile 7. *Nace gere* = ekelerregendes Zeug: *vgl. ante* , Zeile 4: *gere* = Gattungsbegriff für Ding, Zeug oder Material. 10. Zeile: *bene bouse* = starkes Getränk oder Wein.

Der Fluch des Bettlers

Thomas Dekker, einer der bekanntesten elisabethanischen Pamphletisten und Dramatiker, wurde um 1570 in London geboren und begann seine literarische Karriere 1597-8, als in Henslowes *Tagebuch ein Eintrag über einen Darlehensvorschuss auftaucht* . Einen Monat später wurden ihm aus derselben Quelle vierzig Schilling vorgestreckt, um ihn aus der

der Counter, ein Schuldgefängnis. Dekker war ein äußerst umfangreicher Autor und nicht immer besonders genau, woher er das Material für seine Traktate und Stücke bekam oder wie er es verwendete. *The Belman of London Bringing to Light the Most Notorious Villanies that are now practiced in the Kingdome* (1608), von dem drei Ausgaben in einem Jahr veröffentlicht wurden, besteht hauptsächlich aus Diebstählen aus Harmans *Caveat for Common Curselors*, das erstmals 1566-7 veröffentlicht wurde. Er entging jedoch nicht der Verurteilung, denn Samuel Rowlands entlarvte ihn in *Martin Mark-All* . Ein weiterer Fall von „Übertragung" im großen Stil wird in der Anmerkung zu

„Canting Rhymes" (*ante*) erwähnt. Trotz dieses Mangels und einer gewissen Rücksichtslosigkeit in der Arbeit schuldet der Gelehrte von heute Dekker jedoch unendlich viel Dank: Seine Informationen über das gesellschaftliche Leben seiner Zeit sind derart, wie man sie nirgendwo sonst bekommen kann, und sie sind daher heute von unschätzbarem Wert.

Lanthorne and Candlelight ist der zweite Teil von *The Belman of London* . Es wurde ebenfalls 1608 veröffentlicht und erlebte 1609 zwei Ausgaben, eine vierte erschien 1612 unter dem Titel *O per se O, or a new Cryer of Lanthorne and Candlelight, Being an Addition or Lengthening of the Belman's Second Night Walke* . Zwischen 1608 und 1648 erschienen acht oder neun Ausgaben dieses zweiten Teils, die sich alle mehr oder weniger voneinander unterschieden ; eine weitere Abweichung ergab sich, als Dekker 1637 *Lanthorne and Candlelight* unter dem Titel *English Villanies* neu veröffentlichte ; kurz danach soll er gestorben sein.

„Ben Morts, werfe dich raus"

Samuel Rowlands, ein wortgewaltiger Schriftsteller *aus der Zeit um* 1570-1628, war heute zwar kaum noch bekannt, hielt die Verleger jedoch dreißig Jahre lang auf Trab, und seine Werke verkauften sich ein weiteres halbes Jahrhundert gut. Nicht das am wenigsten wertvolle seiner zahlreichen Werke aus sozialer und antiquarischer Sicht ist *Martin Mark-All, Beadle of Bridewell; seine Defence and Answere to the Belman of London* (siehe beide Anmerkungen *ante*).

Martin Markall liefert einen anschaulichen und „originalen" Bericht über „das Regiment der Schurken, als es anfing, die Führung zu übernehmen, und wie sie nacheinander bis zum sechsten und zwanzigsten Jahr von König Heinrich dem Achten, versammelt, nacheinander folgten." of the Chronicle of Crackropes" usw. Dann kritisiert er etwas heftig die Fehler und Auslassungen in Dekkers Canting-Glossar, ergänzt sie erheblich und schließt sich schließlich dem Belman an, um „Lied für Lied" zu geben. Dekkers „Canting Rhymes" (plagiiert von Copland) und „The Beggar's Curse" waren somit offenbar die Geburtsstunde der vorliegenden Verse und der folgenden mit dem Titel „The Maunder's Wooing".

Strophe I, Zeile i. *Ben* = lat. *bene* = gut. *Mort* = eine Frau, keusch oder nicht. Zeile 3. *Rome-cove* = „ein großer Schurke" (BE, *Dict. Cant. Crew* , 1690), *d . h .* ein Organisator oder der eigentliche Täter eines Raubüberfalls: *quire-cove* = ein untergeordneter Dieb – das Geld war vom eigentlichen Dieb an seinen Komplizen übergegangen. *Rom* (oder *rum*) und *quier* (oder *queer*) werden weitgehend kombiniert, also: *rom* = galant, fein, klug, vortrefflich, stark; *rom-bouse* = Wein oder starkes Getränk; *rum-bite* = ein cleverer Trick oder Betrug; *rum-blowen* = eine hübsche Geliebte; *rum-bung* = eine volle Geldbörse; *rum-diver* = ein cleverer Taschendieb; *rum-padder* = ein gut berittener

Straßenräuber usw.: auch *queere* = gemein, schurkisch; *queer-bung* = eine leere Geldbörse; *queer-cole* = schlechtes Geld; *queer-diver* = ein stümperhafter Taschendieb; *queer-ken* = ein Gefängnis; *queer-mart* = eine gescheiterte Hure und so weiter. *Budge* = ein allgemeines Handlungsverb, normalerweise ein heimliches Handeln: so bedeutet *budge a beak* dem Konstabler entwischen oder einen Polizisten betrügen; *to budge out* (or *off*) = sich davonschleichen; *to budge an alarm* = eine Warnung aussprechen.

Maunders Werben

Siehe vorherige Anmerkung.

Strophe II, Zeile 2. *Autem mort* = eine Ehefrau; so Harman, *Caveat* (1575): „Diese Autem Mortes sind verheiratete Frauen, von denen es nur wenige gibt. Denn Autem ist in ihrer Sprache eine Kirche; also ist sie eine in der Kirche verheiratete Frau, und sie sind so keusch wie eine Kuh, die ich habe, die jeden Mond zum Stier geht, egal mit welchem Stier sie sich befasst." Zeile 5. *wap* = fleischlich verkehren mit jemandem.

Strophe IV, Zeile 5. *Whittington* = Newgate, nach dem berühmten Lord Mayor von London, der ein Vermächtnis zum Wiederaufbau des Gefängnisses hinterließ. Nachdem Whittingtons Gebäude 230 Jahre lang gestanden hatte, wurde es 1666 abgerissen.

Strophe V, Zeile 2. *Crackmans* = Hecken oder Büsche. *Tip lowr with thy prat* = (wörtlich) mit deinem Hintern Geld verdienen, z. B. durch Prostitution.

Strophe VI, Zeile 2. *Clapperdogen* = (BE *Dict. Cant. Crew*, 1690) „ein waschechter und erzogener Bettler"; auch Harman, *Caveat* usw., S. 44: — „Diese gehen in geflickten Umhängen und haben ihre Toten bei sich, die sie Ehefrauen nennen."

„Ein Maßstab von Ben Rom-Bouse"

Thomas Middleton, ein weiterer aus der Schar elisabethanischer Schriftsteller, die so viele Nebenberichte über Shakespeares Leben und Zeit verfassten, soll von vornehmer Geburt gewesen sein. Er trat um 1593 in Gray's Inn ein und war zusammen mit Dekker an der Produktion von *The Roaring Girl beteiligt* , wobei er wahrscheinlich den größeren Anteil an der Komposition hatte. Die Experten stimmen darin überein, Dekkers Handschrift in den Singszenen nachzuweisen, aber anderswo ist dies weniger sicher. Das Original von Moll Cut-purse war eine gewisse Mary Frith (1584–1659), die Tochter eines Schuhmachers im Barbican. Obwohl sie sorgfältig erzogen wurde, war sie besonders widerspenstig bei Disziplin und wurde schließlich als „Rüpelin, Gelddiebin, Wahrsagerin, Hehlerin und Fälscherin" eingesetzt, in all diesen Funktionen erlangte sie beträchtliche Bekanntheit.

Als Heldin von *The Roaring Girl* wird Moll in einem viel günstigeren Licht dargestellt, als die Fakten es rechtfertigen.

Zeile 11. *Und liege, bis ein Palliden mein Tal bedeckte* = (wörtlich) „Und liege still, während ein Bettler mein Mädchen entjungfert", aber hier wahrscheinlich = während ein Bettler mit meiner Herrin Unzucht treibt.

„Bing raus, Bien Morts"

[Siehe Anmerkung zu „The Beggar's Curse"]. Dekker stellt diese Verse vor und behauptet: „Es ist ein Singlied, das nicht … wie die der Belmans aus seinem eigenen Kopf komponiert wurde, sondern von den Canters selbst und bei ihren Versammlungen gesungen wurde", wogegen Dekker, alles in allem, wahrscheinlich zu viel protestiert.

Strophe V, Zeile 3. *Und Wapping Dell, das gut nörgelt* = eine Hure oder Herrin, die sich akzeptabel „ausbreitet".

Strophe IX, Zeile 2. *Bing aus dem Rom-vile;*

dh nach Tyburn, dann der Ort der Hinrichtung: *Rom-vile* = London.

Das Lied vom Bettler

Die Beschreibung der Liebe ist eine äußerst seltene kleine „Girlande", die erstmals 1620 erschien; Von dieser Ausgabe sind jedoch keine Exemplare bekannt. Von der sechsten Ausgabe, aus der dieses Beispiel stammt, befindet sich ein Exemplar im British Museum und ein weiteres in der von Henry Huth Esq. gesammelten Bibliothek. Eine etwas ähnliche Ballade findet sich in der Roxburgh Collection I, 42 (der Refrain ist fast identisch), unter dem Titel „The Cunning Northern Beggar". Der vollständige Titel lautet *„Eine Beschreibung der Liebe". Mit bestimmten Epigrammen, Elegien und Sonetten. Und auch Mast. Iohnsons Antwort auf Mast. Widerrist. Mit dem Schrei von Ludgate und dem Lied des Bettlers. Die sechste Ausgabe. London, gedruckt von MF für FRANCIS COULES am oberen Ende des Old-Baily in der Nähe von Newgate, 1629.*

Strophe II, Zeile I. *Wenn ein Bung durch das Gesetz, d. h.* durch Straßenraub, erlangt wird. l

Die Maunder-Initiation

John Fletcher (1579–1625), Dramatiker, ein jüngerer Sohn von Dr. Richard Fletcher, später Bischof von London, und seiner ersten Frau Elizabeth, wurde im Dezember 1579 in Rye in Sussex geboren, wo sein Vater damals als Pfarrer amtierte. Ein „John Fletcher of London" wurde am 15. Oktober 1591 als Pensionär des Bene't (Corpus) College in Cambridge aufgenommen, dessen Präsident Dr. Fletcher gewesen war. Dycc nimmt an, dass dieser John Fletcher, der 1593 einer der Bibelschreiber wurde, der Dramatiker war. Bischof Fletcher starb in Not am 15. Juni 1596 und verfügte in seinem

Testament vom 26. Oktober 1593, dass seine Bücher unter seinen Söhnen Nathaniel und John aufgeteilt werden sollten.

„*The Beggar's Bush*" wurde zu Weihnachten 1622 am Hof aufgeführt und erfreute sich noch lange nach der Restauration großer Beliebtheit.

Fletcher wurde am 29. August 1625 in St. Saviour's, Southwark, beigesetzt. „Während der großen Pest im Jahr 1625", sagt Aubrey (*Briefe geschrieben von Eminent Persons,* Bd. II, Punkt ip 352), „lud ihn ein Ritter aus Norfolk oder Suffolk auf das Land ein." Er blieb nur, um sich einen Anzug anzufertigen, und während er ihn anfertigte, erkrankte er an der Pest und starb.

Die Prahlerei des High Pads

Siehe Anmerkung zu „The Maunder's, Initiation", *ante* .

Die fröhlichen Bettler

Über die Geburt oder Herkunft von Richard Brome ist wenig bekannt, und ob er 1652 oder 1653 starb, ist ungewiss. Eine Zeit lang arbeitete er als Diener von Ben Jonson. *The Jovial Crew* wurde 1641 im The Cock-pit aufgeführt, einem Theater, das an der Stelle des Pitt Place stand, der von der Drury Lane in die Gt. Wild St. führt.

Strophe I, Zeile 5. *Go-well und Com-well* = ausgehend und eingehend.

Ein Trinklied von Mort

Siehe Anmerkung zu „The Merry Beggars", *ante* .

„Ich werde ein Bettler sein"

Diese Ballade stammt aus der Bagford Collection, die von John Bagford (1651-1716) zusammengestellt wurde und nacheinander durch die Hände von JamesWest (Präsident der Royal Society), Major Pearson, dem Herzog von Roxburghe und Herrn BH Bright gelangte, bis sie 1845 veröffentlicht wurde und die umfangreichere Roxburghe-Sammlung ging in den Besitz der Nation über.

Strophe II, Zeile 1. *Maunder* = Bettler. Zeile 2. *filer* = Taschendieb; *Filcher* = Dieb. Zeile 3. *Galopp* = ein trampelnder Bettler oder Schurke. Zeile 4. *Lifter* = ein Ladendieb.

Strophe IV, Zeile 8. *Compter* (oder *Counter*), *King's Bench, nor the Fleet* , alles Gefängnisse für Schuldner.

Strophe V, Zeile 6, *jumble* = kopulieren.

Strophe VIII, Zeile 5. *Mit Shinkin-ap-Morgan, mit Blaumütze oder Teague* = Mit einem Waliser, Schotten oder Iren – generisch: wie jetzt Taffy, Sandy und Pat.

Ein Lied von Budg und Snudg

Chappell in *Popular English Music of the Olden Time sagt, dass dieses Lied in The Canting Academy (2. Aufl. 1674)* erscheint, der Autor jedoch kein Exemplar des betreffenden Buches finden konnte. Das Lied war sehr beliebt und es sind viele Versionen (alle unterschiedlich) erhalten. Die beiden Angaben wurden sorgfältig zusammengestellt. Die Teile in Klammern [ ], – zum Beispiel Strophe II, Zeile 6, Strophe III, Zeilen 1–7, Strophe IV, Zeilen 5–8 usw. – kommen nur im *New Canting Dict vor* . (1725). Es wurde nach der Melodie gesungen, die heute als „ *Es lebte einst ein fröhlicher Müller am Fluss Dee"* bekannt ist .

Titel. *Budge* = „jemand, der im Dunkeln in ein Haus schleicht und Mäntel, Jacken oder was ihm gerade in die Hände fällt, mitnimmt und damit davonmarschiert" (BE, *Dict. Cant. Crew* , 1690). *Snudge* = „jemand, der unter einem Bett lauert, um auf eine Gelegenheit zu warten, das Haus auszurauben" – (BE, *Dict. Cant. Crew* , 1690).

Strophe I, Zeile 7. *Whitt* = Newgate (siehe Anmerkung S. 204).

Strophe V, Zeile 3. *Jack Ketch* , der öffentliche Henker 1663–1686.

Das Lob des Maunder für seinen umherstreifenden Mort

„*The Triumph of Wit*" von J. Shirley ist ein merkwürdiges Buchmacherwerk – hauptsächlich Schere und Kleister –, das viele Auflagen erlebte. Die ersten beiden sind in drei Teile gegliedert und befassen sich hauptsächlich mit „der ganzen Kunst und dem Geheimnis der Liebe in all ihren schönsten Intrigen", „Wahlbriefen mit ihren Antworten" und dergleichen. Teil III enthält „das Geheimnis und die Kunst des Canting, mit seiner ursprünglichen und gegenwärtigen Verwaltung und den Zwecken, zu denen es dient und eingesetzt wird: Illustriert mit Gedichten, Liedern und verschiedenen Intrigen in der Canting-Sprache mit der Erklärung usw." Die Lieder wurden später in *The New Canting Dict aufgenommen.* (1725) und später in *Bacchus und Venus* (1731).

Titel. *Strowling Mort* = der Trull eines Bettlers: – „Sie geben vor, Witwen zu sein, reisen manchmal durch die Länder ... sind leichtfüßig, subtil, heuchlerisch, grausam und oft gefährlich anzutreffen, besonders wenn der Rüpel bei ihnen ist" (BE, *Dict. Cant . Besatzung* , 1690).

Strophe I, Zeile 1. *Doxy* – „Diese Doxes werden von den aufrichtigen Männern gebrochen und ihrer Majestät beraubt, und dann tragen sie ihren Namen Doxes, und nicht vorher. Und danach ist sie höflich und gleichgültig gegenüber jedem, der sie benutzen will." .-Harman, *Caveat* , S. 73. Zeile 3. *prats* = Gesäß oder Oberschenkel. Zeile 4. *wap* = kopulieren (auch Strophe IV, Zeile i).

Strophe II, Zeile 4. *Clip und Kuss* = kopulieren.

Das Lob des Rum-Morts für ihren treulosen Maunder

Offensichtlich ein Begleitlied zum vorherigen Beispiel: Siehe Note *ante* . *Rum-Mort* = ein Bettler oder eine Zigeunerkönigin.

Strophe I, Zeile 1. *Kinching-Cove* = (wörtlich) ein Kind oder ein junger Bursche: hier als Zärtlichkeit. Zeile 4. *Clapperdogeon* = „Die Paillard oder Clapperdogeons sind diejenigen, die von Kindesbeinen an zum Betteln erzogen wurden und häufig Lahmheit vortäuschen, wodurch ihre Beine, Arme und Hände wund erscheinen" – *Triumph of Wit* , S. 185.

Strophe II, Zeile 1. *Dimber-damber* = ein Anführer der Canting
Crew oder der Kopf einer Bande. Zeile 2. *Palliard* (siehe Anmerkung zu Strophe
I). Zeile 3. *jockum* = *Penis* . Zeile 4. *glimmer* =
Feuer; hier eine Pocken- oder Tripperinfektion.

Strophe V, Zeile 1. *crank* (oder *counterfeit-crank*)—"Diejenigen, die den Crank nachahmen, sind junge Schurken und junge Huren, die die Fallsucht gründlich verheimlichen."—(Harman, *Caveat* , 1814, S. 33). Zeile 1. *dommerar* = ein Bettler, der sich taub und stumm stellt. Zeile 2. *rum-maunder* = Wahnsinn vortäuschen. Zeile 3. *Abram-cove* = ein Bettler, der Wahnsinn vortäuscht, um einen Diebstahl zu vertuschen. Zeile 4. *Gybes well jerk'd* = geschickt gefälschter Pass oder Führerschein.

Die schwarze Prozession

Siehe Hinweis zu J. Shirley auf Seite 209.

Frisky Molls Lied

John Harper (gest. 1742), Schauspieler, trat ursprünglich auf den Jahrmärkten Bartholomew und Southwark auf. Am 27. Oktober 1721 erscheint sein Name als Sir Epicure Mammon im *Alchemist* at Drury Lane. Hier blieb er elf Jahre lang, schlüpfte in die Rollen von Sprengknappen, Fuchsjägern usw. und erwies sich als das, was Victor als „einen lustigen, scherzhaften, niederträchtigen Komiker" bezeichnet. Seine gute Stimme war in Balladenopern und Farcen brauchbar. Aufgrund seiner „natürlichen Schüchternheit", so Davies, wurde er von Highmore, dem Patentinhaber, ausgewählt, um den Status eines Schauspielers zu testen, Opfer eines Gerichtsverfahrens nach dem Vagrant Act, 12 Queen Anne, zu werden am 12. November 1733 wurde er als Vagabund nach Bridewell geschickt. Am 20. November erschien er vor dem Obersten Richter der Kings Bench. In seinem Namen wurde geltend gemacht, dass er seine Schulden beglichen habe, bei wohlhabenden Personen hohes Ansehen genieße,

Grundeigentümer in Surrey und Hausbesitzer in Westminster sei. Er wurde unter Beifall zu seiner Anerkennung entlassen.

Die Canter-Serenade

Beim New Canting Dictionary (1725) handelt es sich im Wesentlichen um einen Nachdruck des von BE zusammengestellten *Dictionary of the Canting * Crew* (*ca.* 1696). Der Hauptunterschied besteht darin, dass das erste eine Sammlung von Canting Songs enthält, von denen die meisten in der vorliegenden Sammlung enthalten sind.

Strophe I, Zeile 3. *Palliarde – siehe* Anmerkung, S. 210, zehn Zeilen von unten.

"Rückkehr, mein lieber Dell"

Siehe Anmerkung zu „The Canter's Serenade". Dieses Lied scheint eine Variation eines viel älteren zu sein, das im Allgemeinen Chas II. zugeschrieben wird und den Titel „ *I pass all my hours in a shady old grove"* trägt .

Der eitle Träumer

Siehe Anmerkung zu „The Canter's Serenade".

„Als mein Dimber Dell mich umwarb"

Siehe Anmerkung zu „The Canter's Serenade". Die ersten beiden Strophen erscheinen in etwas anderer Form als „ein neues Lied" zur Zeit von *Beauty's Ruin* in *The Triumph of Wit* (1707), dessen erste Strophe wie folgt lautet:

Als ich Dorinda zum ersten Mal umwarb,
hatte sie auch Charme und Schönheit; Sie eroberte die Freuden, wenn sie Sport trieb, und die Entrückung war immer neu. Aber verschwenderische Zeit täuscht sie jetzt, die ihr Ruhm aufrechterhielt; All ihre Künste können sie nicht entlasten, die arme Dorinda ist alt geworden.

Strophe I, Zeile 4. *Wap* = die freundliche Tat. *Dimber dell* = hübsches Mädchen – „Ein Dell ist ein junges Mädchen, fähig zur Zeugung und noch nicht erkannt oder zerstört vom aufrichtigen Mann ... wenn sie vom aufrichtigen Mann mit allen belogen wurden, dann sind sie Doxes und keine Dells." – (HARMAN).

Strophe III, Zeile 3. *Aufrechte Männer* – „die zweite Reihe der Canting-Stämme, die das alleinige Recht auf die Unterkunft für die erste Nacht in den Dells haben." – (BE, *Dict. Cant. Crew* , 1696).

Der Eid der Heuchelcrew

Bamfylde Moore Carew, der König der Zigeuner, wurde 1693 als Sohn des Pfarrers von Bickley in der Nähe von Tiverton geboren. Es wird berichtet, dass er, um der Bestrafung für eine kindliche Laune zu entgehen, mit einigen Gefährten weglief und sich den Zigeunern anschloss. Nach anderthalb Jahren kehrte Carew für eine Weile zurück, schloss sich aber bald wieder seinen alten Freunden an. Seine Karriere war eine lange Reihe von Betrügereien und Hochstaplern, die er sehr geschickt ausführte und bei denen er gelegentlich Leute täuschte, die ihn eigentlich gut kennen sollten. Sein ruheloser Charakter trieb ihn dann dazu, sich nach Neufundland einzuschiffen, wo er nur kurze Zeit blieb. Nach seiner Rückkehr gab er sich als Maat eines Schiffes aus und brannte mit der Tochter eines angesehenen Apothekers aus Newcastle-on-Tyne durch, die er später heiratete. Er setzte seine vagabundierende Gaunerlaufbahn einige Zeit fort, und als Clause Patch, ein König oder Häuptling der Zigeuner, starb, wurde Carew zu seinem Nachfolger gewählt. Er wurde des müßigen Herumstreunens für schuldig befunden und zur Deportation nach Maryland verurteilt. Bei seiner Ankunft unternahm er einen Fluchtversuch, wurde gefangen genommen und musste ein schweres Eisenhalsband tragen. Er entkam erneut und fiel einigen freundlichen Indianern in die Hände, die ihm das Halsband abnahmen. Er nutzte die Gelegenheit, seine neuen Freunde zu verlassen und gelangte nach Pennsylvania. Hier gab er sich als Quäker aus und gelangte als solcher nach Philadelphia, von dort nach New York und später nach New London, wo er nach England einschiffte. Er entging der Zwangsrekrutierung an Bord eines Kriegsschiffs, indem er sich Hände und Gesicht stach und mit Salz und Schießpulver einrieb, um Pocken vorzutäuschen. Nach seiner Landung setzte er seine Betrügereien fort, fand seine Frau und seine Tochter heraus und wanderte anscheinend um 1745 nach Schottland, wo er den Thronprätendenten nach Carlisle und Derby begleitet haben soll. Die Aufzeichnungen seines Lebens aus dieser Zeit sind nichts weiter als eine Aneinanderreihung von Betrügereien und Täuschungen und über seinen Werdegang ist nur wenig mit Sicherheit bekannt, außer dass ein Verwandter, Sir Thomas Carew von Hackern, ihm anbot, für ihn zu sorgen, wenn er sein Wanderleben aufgäbe. Er lehnte dies ab, doch man nimmt an, dass er es schließlich doch tat, nachdem er einige Preise in der Lotterie gewonnen hatte. Sein Todesdatum ist ungewiss. Es wird allgemein, allerdings ohne verlässliche Quelle, mit 1770 angegeben, doch „IP" schreibt aus Tiverton in „ *Notes and Queries* ", 2. Serie, Bd. IV, S. 522, dass er 1758 gestorben sei. Seine Lebensgeschichte im Detail findet sich in dem bekannten und sicherlich viel gedruckten Buch „ *Life and Adventures of Bamfylde Moore Carew*" , dessen früheste Ausgabe (1745) ihn auf der Titelseite als „den bekannten Spaziergänger und Hundedieb aus Devonshire" beschreibt. Dieses Buch soll „von ihm selbst während seiner Reise nach Amerika angefertigt" worden sein, aber obwohl die Fakten zweifellos von Carew selbst geliefert wurden, ist die tatsächliche Urheberschaft ungewiss, obwohl die Wahrscheinlichkeit bei Robert Goadby liegt, einem Drucker und Kompilator aus Sherborne,

Dorsetshire, der 1749 eine Ausgabe druckte. Ein Korrespondent von *Notes and Queries* gibt jedoch an, dass Mrs. Goadby es nach Carews Diktat geschrieben hat. [*N. und Q.* 2 S iii. 4; iv. 330, 440, 522],

Zeile 1. *Crank Cuffin* = *Queer Cove* = ein Schurke. Zeile 9. *Stop-hole Abbey* , „der Spitzname des Haupttreffens der Canting Crew". – (BE, *Dict. Cant. Crew* , 1696). Zeile 17. *Abram* = früher ein bettelnder Irrer im Krankenhaus von Bethlehem, der an bestimmten Tagen betteln durfte: also ein Bettler, der Wahnsinn vortäuscht. *Ruffler Crack* = ein erfahrener Schurke. Zeile 18. *Hooker* = „peryllöse und äußerst böse Schurken ... denn sie gehen jeden Tag von Haus zu Haus, um die Charite zu entweihen ... nun, wenn sie merken, was sie sehen ... das werden sie sicher haben ... denn sie tragen es gewöhnlich bei sich ein Stab von V. von VI. Fuß lang, in den innerhalb einer Ynch von der Spitze ein kleines Loch gebohrt ist, in das sie einen Eisenhaken stecken, und mit demselben werden sie ihnen schnell alles ausreißen, was sie haben kann damit reche." – (Harman, *Caveat* , 1869, S. 35, 36). Zeile 19. *Frater* = „wie zum Beispiel mit einem Scheinpatent oder Brief um Krankenhäuser, Gefängnisse, Feuer usw. betteln" – (BE). Zeile 20. *Irischer Toyle* = ein Bettler-Dieb, der unter dem Vorwand arbeitet, Nadeln, Spitzen und ähnliche Waren zu verkaufen. Zeile 21. *Dimber-damber* = der Anführer einer Bande: auch ein erfahrener Dieb. *Angler* = Nutte (siehe *Ante*). Zeile 23. *Swigman* = ein Bettler, der Kurzwaren verkauft, um Diebstahl und Schurkerei zu vertuschen. *Clapperdogeon* = ein geborener und aufgewachsener Bettler, *siehe* Anmerkung S. 210, zehnte Zeile von unten. Zeile 24. *Curtal* – „Ein Curtall ist dem aufrechten Mann sehr ähnlich (das heißt jemand mit Autorität, der „zur Rechenschaft ziehen", „einen Anteil befehlen", die Untergebenen züchtigen und „jede ihrer Frauen dazu zwingen kann") Er ist an der Reihe, aber seine Autorität ist nicht ganz so groß. Er pflegt gewöhnlich mit einem kurzen Umhang zu gehen, wie die grauen Friers, und seine Frau mit ihm in gleicher Livree, die er seinen Altham nennt, wenn sie mit ihm verheiratet ist. und wenn sie seine Hure ist, wird sie seine Doxy genannt." – (HARMAN). Zeile 25. *Whip-Jack* = ein Schurke, der mit einem gefälschten Führerschein bettelt. *Palliard* = ein geborener und aufgewachsener Bettler. *Patrico* = ein Heckenpriester. 26. *Zeile* Zeile 27. *Dommerar* = ein Schurke, der vorgibt, taub und stumm zu sein. *Roma* = ein Zigeuner. Zeile 28. *Die Familie* = die Bruderschaft der Vagabunden.

„Kommt alle, ihr Schwulenpuffer"

In der Roxburghe Collection (ii. 504) gibt es eine Ballade, auf der das vorliegende Lied eindeutig basiert. Sie heißt *The West Country Nymph, oder das kleine Mädchen aus Bristol* zur Zeit des *jungen Jemmy* (*d. h.* des Herzogs von Monmouth, des leiblichen Sohnes von Charles II.). Die erste Strophe lautet:

Kommt alle, ihr schönen Jungfrauen,
und hört mein Liedchen: Auf dem schönen Bristol lebte ein hübsches
Fräulein.

Der Kartoffelmann

Strophe II, Zeile 2. *Cly* = eigentlich Tasche, aber hier ist offensichtlich der
Inhalt gemeint.

Strophe IV, Zeile 1. *Blaues Vogelauge* = ein blaues und seidenes Taschentuch
mit weißen Flecken.

Eine umgangssprachliche Pastorale

Über R. Tomlinson ist nichts bekannt. Der Dr. Byrom, dessen Gedicht hier
parodiert wird, ist vielleicht am besten als Autor eines einst berühmten
Stenografiesystems in Erinnerung geblieben. Er wurde 1691 geboren,
besuchte die Merchant Taylor's School und wurde im Alter von 16 Jahren als
Rentner am Trinity College Cambridge aufgenommen. Hier schrieb er *„Meine
Zeit, oh ihr Musen"*. Er starb 1763 und seine Gedichte, eine nicht unerhebliche
Sammlung, wurden 1773 veröffentlicht.

„Ihr Schurken, ihr Pads, ihr Taucher"

Strophe I, Zeile 1. *Der Laien* = eine Verfolgung, ein Plan: hier = Diebstahl
und Schurkerei im Allgemeinen.

Strophe IV, Zeile 4. *Wie Blackamore Othello &c.* – der Verweis bezieht sich auf
Othello , Vers 2. „Dennoch muss sie sterben, sonst wird sie noch mehr
Männer verraten. Lösche das Licht und dann – lösche das Licht."

Die Hochzeit des Sandmännchens

Auch wenn George Parkers Name dieser „Kantate" nicht offiziell
zugeordnet ist, gibt es aufgrund interner Beweise kaum Zweifel daran, dass
sie zusammen mit den beiden unmittelbar folgenden Liedern Teil einer
charakteristischen Reihe aus der Feder dieses umherziehenden Soldaten-
Schauspielers ist. Parker wurde 1732 in der Green Street in der Nähe von
Canterbury geboren und „schon früh zugelassen", wie er sagt, „als
Midshipman an Bord der Falmouth und der Guernsey auf dem Achterdeck
zu laufen". Eine Reihe jugendlicher Indiskretionen in London zwangen ihn,
die Marine zu verlassen und sich etwa 1754 als einfacher Soldat im 20.
Fußregiment zu melden, dessen zweites Bataillon 1758 zum 67. Regiment
unter dem Kommando von Wolfe wurde. In seinem Regiment fungierte er
sieben Jahre lang als Gefreiter, Korporal und Feldwebel, war bei der
Belagerung von Belleisle anwesend und diente in Portugal, Gibraltar und
Menorca. Am Ende des Krieges kehrte er als überzähliger Steuerbeamter
nach Hause zurück. Um 1761 brachten ihn seine Freunde im Gasthaus

King's Head in Canterbury unter, wo er bald scheiterte. Parker betrat die Bühne in Irland und spazierte in Begleitung von Brownlow Ford, einem Geistlichen mit geselligen Gewohnheiten, über den größten Teil der Insel. Nach seiner Rückkehr nach London spielte er mehrmals im Haymarket und wurde später von Goldsmith Colman vorgestellt. Doch aufgrund seiner Korpulenz lehnte Colman seine Dienste ab. Parker schloss sich dann den Spaziergängerkompanien der Provinz an und war für eine Saison mit Digges, dem damaligen Manager des Edinburgh Theatre, engagiert. In Edinburgh heiratete er eine Schauspielerin namens Heydon, von der er sich jedoch bald wegen ihres ausschweifenden Lebens trennen musste. Als er wieder nach London zurückkehrte, ließ er sich dort als Wanderdozent für Redekunst nieder und reiste in dieser Rolle mit wechselndem Erfolg durch England. Im November 1776 brach er zu einer Reise nach Frankreich auf und lebte mit den Mitteln seines Vaters mehr als sechs Monate in Paris. Da seine Kräfte erschöpft waren, verließ er Paris Mitte Juli 1777 zu Fuß. Als er England erreichte, unternahm er eine weitere Vortragsreise, die jedoch erfolglos blieb. Sein Witz, sein Humor und seine Weltkenntnis machten ihn einst zu einem unverzichtbaren Begleiter bei geselligen Zusammenkünften. aber in seinen späteren Tagen wurde er so völlig vernachlässigt, dass er gezwungen war, Lebkuchennüsse auf Jahrmärkten und Renntreffen zu verkaufen, um seinen Lebensunterhalt zu verdienen. Er starb im April 1800 im Armenhaus von Coventry.

Das glückliche Paar und die Taufe des Bunter und die Maskerader

Siehe Anmerkung (*Ante*) zu „Die Hochzeit des Sandmanns". *Life's Painter etc.* durchlief mehrere Auflagen.

Der Flash Man von St. Giles

Strophe II, Zeile 7. *Betrunken wie Davids Sau* = tierisch betrunken. Grose (*Klassisches Wörterbuch der Vulgärsprache*) sagt: Ein David Lloyd, ein Waliser, der in Hereford eine Bierstube betrieb, hatte eine Sau mit sechs Beinen, die ein Objekt großer Neugier war. Eines Tages legte sich Davids Frau, weil sie zu viel gegönnt hatte, in den Stall, um zu schlafen, und als eine Gruppe kam, um die Sau zu sehen, führte David sie zum Stall und sagte wie üblich: „Da ist eine Sau für euch! Habt ihr jemals?" Sehen Sie so etwas?" Einer der Besucher antwortete: „Nun, es ist die betrunkenste Sau, die ich je gesehen habe." Daher wurde die Frau immer „Davys Sau" genannt.

Ein trauriges Mot

Strophe III, Zeile 1. *Cock and Hen Club* = ein freies und lockeres Vergnügen für beide Geschlechter.

Strophe IV, Zeile 4. *Tom Cribb – siehe* Anmerkung S. 223.

Weder der Autor noch das Datum dieser unnachahmlichen Verse sind eindeutig bekannt. Den besten Quellen zufolge hat Will Maher, ein Schuhmacher aus Waterford, das Lied geschrieben. Dr. Robert Burrowes, Dekan von St. Finbar's Cork, dem es so oft zugeschrieben wird, war mit Sicherheit nicht der Autor. Oft in Liederbüchern und anderswo zitiert. Francis Sylvester Mahony, besser bekannt als „Father Prout", hat für *Froser's Magazine* die folgende Übersetzung ins Französische beigesteuert.

Der Tod Sokrates.

Von Abbé de Prout, Pfarrer von Mont-aux-Cressons, in der Nähe von Cork.

Auf der Hut vor dem Überschwang,
Notre-Dame Laurent kehrte in sein Haus zurück, Ehre sei ihm, von vielen Freunden besucht zu werden. Wer hat das Auto geparkt, Laurent. Sein Wagen hat das Rad angezogen, den Hut aufgesetzt und die Jacke angezogen. Für den Fall, dass mein Freund eine Flasche Wein aufgesetzt hat, ist das in Ordnung, es ist zu spät.

„Helas, unser Garten!" er sagte:
„Komm, ich bereue deinen Fehler! Du wirst Blume säen, die auf ihrer Tigerin den grausamen Tod erleiden wird!" – „Teufel", sagte er, „König George! Er hat mir den Wert eines Knopfes gegeben; Vor dem Fleisch, das mich überwältigt, werde ich wie ein süßer Fratz sein und werde meinen Mut zusammennehmen!

Des amis déjà la cohorte
Remplissait son étroit réduit: Six chandelles, ho! Qu'on apporte,Donnons du lustre à cette night! Alors je cherchai à connaitreS'il s'était dument reue? „Bah! Das sind die vier Beries des PrêtresLes Gredins, sie sind immer noch da, und ihre Contes d'enfer sind falsch!"

L'on-Demande-Les-Cartes. Au jeu
Laurent voit un larron qui triche; Allen Ehren, ich werde feu sein, und du hast einen guten Schlag auf die Karte bekommen. „Ha, coquìn! Mein letzter Tag ist vorbei, vielleicht! Du gehst auf diese Tour!

Wenn wir unsere Schlägereien aufgegeben haben,
Laurent, in dieser traurigen Situation. Um den Müll loszuwerden, gehen Sie zu Monsieur Le Vicaire. Nach einem finsteren Blick, Die Vorderseite seiner Hauptfassade ist gefurcht, Ganz nach oben gerichtet, „Seht euch später um!" Und alles hat, „Schläft nicht!" Dann vergisst man das Leben zwei Mal.

Während er über den Echaufaud spricht,
und über seine letzte Krawatte; Große Götter! que ça paraissait beau.La voïr mourir en Socrate! Le trajet en chantant il fit – Der Punkt des Liedes

ist kein Platz für ein Pseudoinstrument. Aber ein bisschen wird es dauern, bis die Vit. Das Statut von Roy Guillaume – Was diesen König ausmacht, wird ihm nicht gelingen!

Als er sich auf die Reise begab,
musste er sich einem Klienten unterziehen: Er begab sich auf ein Visage-Turnier, um die schöne Stadt Dublin zu erreichen. Il dansa la carmagnole,Et mount comme fit Malbrouck; Dann betreten wir den Friedhof auf dem Friedhof von Donnybrook. Ich bin da und liege in den Bergen!

Strophe V, Zeile 3. *Kilmainham* , ein Gefängnis in der Nähe von Dublin.

Strophe VI, Zeile 7. *König Wilhelm* , das Statut von Wilhelm III., errichtet auf dem College Green zum Gedenken an die Schlacht am Boyne. Es war lange Zeit Gegenstand großer Verachtung seitens der Nationalisten. Es wurde 1836 in Stücke gesprengt, aber anschließend restauriert.

Das Lied vom jungen Prig

Angeblich von Little Arthur Chambers, dem Prince of Prigs, einem der erfahrensten Diebe seiner Zeit, geschrieben. Er begann zu stehlen, als er noch im Unterrock lebte, und starb kurz bevor Jack Sheppard bekannt wurde. Interne Beweise machen diese zugeschriebene Urheberschaft jedoch sehr unwahrscheinlich.

Strophe I, Zeile 1. *Dyots Isle, d. h.* Dyot St., St. Giles, später George St. Bloomsbury genannt, war eine bekannte Brutstätte, in der sich Diebe und ihre Komplizen trafen.

Strophe II, Zeile 3. *Und ich lernte das Lesen beizeiten durch das Studium von Taschenbüchern.* „Taschenbuch" = Leser.

Strophe IV, Zeile 1. *Kapital erwirtschaften* = ein Verbrechen begehen, das mit dem Tod bestraft wird. Vor 1829 galten viele Straftaten, die heute als vergleichsweise unbedeutend gelten, als mit der Höchststrafe des Gesetzes belegt.

Das Milling-Match

Tom Cribbs Memorial to Congress : Mit Vorwort, Anmerkungen und Anhang. Von einem der Ausgefallenen. London, Longmans & Co., 1819. Es gab mehrere Ausgaben. Wird normalerweise aus gutem Grund Thomas Moore zugeschrieben. Es sei angemerkt, dass der Ruhm des irischen Anacreon, obwohl er erklärtermaßen auf seinen ernsthafteren Beiträgen zur Literatur beruht, dennoch nie so beliebt war wie bei der Auseinandersetzung mit dem, was zu Beginn des heutigen Jahrhunderts als THE bekannt war SCHICK. Der Faustkampf nahm dann in der allgemeinen Meinung den Platz ein, den heute Fußball und Cricket einnehmen. Tom Cribb wurde 1781 in Hanham in der Gemeinde Bitton, Gloucestershire, geboren und kam im Alter von dreizehn Jahren nach London, wo er den Beruf eines Glockenhalters erlernte, dann Portier an den öffentlichen Kais wurde und später Seemann war. Da er als Kohlenträger gearbeitet hatte, wurde er als „Schwarzer Diamant" bekannt, und unter dieser Bezeichnung kämpfte er am 7. Januar 1805 in Wood Green seinen ersten öffentlichen Kampf gegen George Maddox, als er nach 76 Runden wurde zum Sieger erklärt und erhielt viel Lob für seine Kühle und sein Temperament trotz sehr unfairer Behandlung. Im Jahr 1807 wurde er Kapitän Barclay vorgestellt, der schnell seine natürlichen Vorzüge erkannte, ihn in die Hand nahm und ihn unter seinen eigenen Augen trainierte. Er gewann die Meisterschaft 1808 vor Bob Gregson, wurde aber 1809 von Jem Belcher geschlagen. Anschließend erlangte er den Gürtel zurück. Nach einem erfolglosen Unterfangen als Kohlenhändler am Hungerford Wharf in London durchlief er die übliche Verwandlung vom Faustkämpfer zum Wirt und gewann den Goldenen Löwen in Southwark; aber als er feststellte, dass diese Position zu weit östlich für seine aristokratischen Gönner lag, zog er in das King's Arms an der Ecke Duke Street und King Street, St. James's, und anschließend, im Jahr 1828, in das Union Arms, 26 Panton Street, Haymarket. Am 24. Januar 1821 wurde entschieden, dass von Cribb, der die Meisterschaft fast zehn Jahre lang ohne Herausforderung gehalten hatte, nicht mehr erwartet werden sollte, dass er kämpfte, und dass ihm gestattet werden sollte, den Titel des Champions für den Rest seiner Zeit zu tragen Leben. Am Tag der Krönung Georgs IV. gehörte Cribb, als Page verkleidet, zu den Preiskämpfern, die den Eingang zur Westminster Hall bewachen sollten. Seine letzten Jahre wurden durch häusliche Unruhen und schwere finanzielle Verluste gestört, und 1839 musste er die Union Arms an seine Gläubiger abgeben . Er starb am 11. Mai 1848 im Alter von 67 Jahren im Haus seines Sohnes, eines Bäckers in der High Street in Woolwich, und wurde auf dem Friedhof von Woolwich beigesetzt, wo 1851 ein Denkmal errichtet wurde, das einen Löwen darstellt, der über die Asche eines Helden trauert wurde zu seiner Erinnerung errichtet. Als Professor seiner Kunst war er unvergleichlich, und in seiner Einhaltung des Fairplay wurde er nie übertroffen; Er zeichnete sich durch unantastbare Integrität und unbestreitbare Menschlichkeit aus.

Ja, hip, meine Herzchen!

Strophe III, Zeile 8. *Houyhnhnms* . Eine Pferderasse, die mit menschlicher Vernunft ausgestattet ist und über die Menschheit herrscht – eine Anspielung auf Dean Swifts *Gullivers Reisen* (1726).

Sonette für die Phantasie

Pierce Egan, der Autor der Abenteuer von Tom und Jerry, wurde ungefähr 1772 geboren und starb 1849. Er hatte sich 1812 als Sportreporter einen Namen gemacht und galt elf Jahre lang als einer der klügsten Epigrammatiker, Liedermacher und Dichter. Schriftsteller und Geister der Zeit. *Boxiana* , eine monatliche Serie, wurde 1818 ins Leben gerufen. Sie bestand aus „Skizzen des modernen Faustkampfes", die Memoiren und Porträts aller berühmtesten Faustkämpfer der Gegenwart und der Vorgänger enthielten, mit ausführlichen Berichten über ihre jeweiligen Preiskämpfe, Siege und Niederlagen , erzählt mit so viel temperamentvollem Humor und doch so viel Liebe zur Genauigkeit, dass das Werk eine einzigartige Stellung einnimmt. Es wurde in mehreren Bänden mit Kupferstichen bis 1824 fortgeführt. Zu diesem Zeitpunkt kam ihm die Idee einer ähnlichen Beschreibung der Vergnügungen, denen Sportler in der Stadt nachgingen, nachdem er gesehen hatte, dass die Londoner seine Berichte über Landsportarten und Freizeitbeschäftigungen mit Begierde lasen. Dementsprechend kündigte er die monatliche Veröffentlichung von *„Life in London"* in Schilling-Stückzahl an und sicherte sich die Hilfe von George Cruikshank und seinem Bruder Isaac Robert Cruikshank, um die Illustrationen in Aquatinta zu zeichnen und zu gravieren und von Hand zu kolorieren. Georg IV. hatte dafür gesorgt, dass Egan vor Gericht vorgestellt wurde, und akzeptierte sofort die Widmung des bevorstehenden Werkes. Dies war umso großzügiger von Seiten des Königs, da er gewusst haben muss, dass er in der *Green-Bag-* Literatur von G. Cruikshank, dem vorgesehenen Illustrator, oft persifliert und gnadenlos karikiert wurde . Am 15. Juli 1821 erschien die erste Nummer von *Life in London* ; oder „Die Tag- und Nachtszenen von Jerry Hawthorn, Esq., und seinem eleganten Freund Corinthian Jem, begleitet von Bob Logic, dem Oxonianer, bei ihren Streifzügen und Bummeln durch die Metropole." Der Erfolg stellte sich sofort ein und war beispiellos. Es eroberte Stadt und Land im Sturm. Die Nachfrage nach Exemplaren war so groß, dass sie mit der Veröffentlichung jeder neuen Ausgabe von Monat zu Monat zunahm, dass die Koloristen nicht mit den Druckern mithalten konnten. Die abwechselnden Szenen des gehobenen und niederen Lebens, die gegensätzlichen Charaktere und die Enthüllungen von Elend neben verschwenderischer Verschwendung und Torheit erregten Aufmerksamkeit, während die Lebhaftigkeit der Dialoge und Beschreibungen nie nachließ.

Strophe III, Zeile 10. *New Drop* . Die extreme Strafe des Gesetzes, die lange Zeit in Tyburn (nahe der Marble-Arch-Ecke des Hyde Parks) verhängt wurde, wurde schließlich auf Newgate übertragen. Die Klage um „Tyburns fröhliches Umherstreifen" war zweifellos von Herzen und charakteristisch. Hinrichtungen waren damals eine der besten aller guten Ausreden für ein Picknick und eine gute Laune. Doch der Szenenwechsel nach Newgate scheint diesen Funktionen keinen großen Abbruch getan zu haben, wie sich zeigt. „Newgate ist heute", sagt ein neuer Autor in *der Daily Mail* , wenig gesucht und in der Regel so gut wie leer. Früher wurden riesige Menschenmengen wahllos zusammengepfercht – Jung und Alt, Unschuldige und Schuldige, Männer, Frauen und Kinder, abscheuliche Täter und Neulinge in der Kriminalität. Der schlimmste Teil des Gefängnisses war der „Pressehof", der Ort, der damals den zum Tode verurteilten Sträflingen vorbehalten war. Innerhalb dieser engen Grenzen waren es manchmal bis zu sechzig oder siebzig, und die meisten wurden sechs Monate oder länger festgehalten und schwankten so zwischen einer elenden Existenz und einem schändlichen Tod. Männer, die für einen Moment damit rechneten, gehängt zu werden, standen Hand in Hand mit anderen, die immer noch auf Gnade hofften. Wenn die ersteren ernsthaft geneigt waren, wurde ihnen die private religiöse Meditation völlig verwehrt, sondern sie verkehrten notgedrungen mit rücksichtslosen Raufbolden, die Bockspringen spielten und ständig fluchten und tranken. Unter den Verurteilten befanden sich auch Säuglinge im zarten Alter; Auch Wahnsinnige tobten wütend durch den Pressehof und stellten für alle ein ständiges Ärgernis und eine Gefahr dar. Die „Verurteilten-Predigt" in der Gefängniskapelle lockte eine Menge modischer Leute an, die die Sterbenden anstarrten, die in einer langen, schwarz behangenen Bank zusammengepfercht waren, und auf einem Tisch davor stand ein offener Sarg. Draußen, im Old Bailey, an den Tagen der Hinrichtung sind die schrecklichen Szenen kaum zu beschreiben. Tausende versammelten sich, um sich über die sterbenden Kämpfe der Verbrecher zu freuen, und kämpften und brüllten und trampelten einander in ihrem schrecklichen Eifer zu Tode, so dass Hunderte verwundet oder getötet wurden. Manchmal wurden zehn oder ein Dutzend hintereinander gehängt, Männer und Frauen nebeneinander.

Der wahre Boxer mit dem Boden

The Universal Songster oder Museum of Mirth; Es stellt die vollständigste Sammlung antiker und moderner Lieder in englischer Sprache dar, mit einem klassifizierten Index … Verschönert mit einem Frontispiz und Holzschnitten, entworfen von George Cruikshank usw. 3 Bände. London, 1825-26. 8vo.

Strophe I, Zeile 1. *Moulsey-Hurst-Rig* = ein Preiskampf: Moulsey-Hurst, in der Nähe von Hampton Court, war lange Zeit ein beliebter *Austragungsort* für Faustkämpfe. Zeile 3. *Einen Nob zu flippen ist der beste Auftritt* = es macht großen Spaß, schnell hintereinander Schläge auf den Kopf zu bekommen. Zeile 4. *Den Teig kneten* = ein gutes Stampfen. Zeile 6. *Belly-go-firsters* = ein erster Schlag, der im Allgemeinen in den Bauch gegeben wird. Zeile 8. *Messbecher für einen Kanzleijob* = den Kopf unter den Arm nehmen oder „in der Kanzlei".

Strophe II, Zeile 1. *Flooring* = niederwerfen (einen Mann). *Flushing* = einen Schlag genau auf den Punkt und direkt von der Schulter aus ausführen. Zeile 5. *Überqueren* = unfairer Kampf; sich drücken.

Strophe III, Zeile 5. *Victualling-Office* = der Magen. Zeile 6. *Riecher und Ogles* = Nase und Augen. Zeile 7. *Brotkorb* = Magen. Zeile 8. *Im Zweig* = in Form; bereit.

Bobby und seine Mary

[Hinweis zu *Universal Songster siehe Ante*].

Strophe I, Zeile 1. *Dyot Street* , siehe Anmerkung Seite 222.

Strophe II, Zeile 16. *Die Glocke von St. Pulchre* , die große Glocke von St. Sepulchre Holborn, in der Nähe von Newgate, beginnt stets kurz vor der Hinrichtungsstunde zu läuten, und zwar auf Veranlassung von Richard Dove, der anordnete, dass eine Mahnung ergehen soll an „… die Gefangenen, die hier drinnen sind und denen wegen Bosheit und Sünde der Tod bestimmt ist, achtet auf dieses Totengeläut.“

Armer Luddy

Thomas John Dibdin (1771-1841), der Autor dieses Liedes, war Schauspieler und Dramatiker – ein unehelicher Sohn von Charles Dibdin dem Älteren. Er behauptete, fast 2000 Lieder geschrieben zu haben.

Die Jagd nach dem Taschendieb

Eugene François Vidocq stammte aus Arras, wo sein Vater Bäcker war. Von Anfang an verfiel er in Exzesse, die dazu führten, dass er vom väterlichen Dach flog. Nach verschiedenen, schnellen und beispiellosen Ereignissen in der Romantik des wirklichen Lebens, in denen er abwechselnd alles und nichts war, wurde er aus dem Gefängnis entlassen und wurde der wichtigste und aktivste Agent der Polizei. Unter den Herren Delavau und Franchet wurde er zum Chef der Police de Sureté ernannt und übte diese Funktion von 1810 bis 1827 aus vollen Spielraum für waghalsige Raubüberfälle und ungerechtfertigte Exzesse gegeben. Er ließ sich als Papierfabrikant in St. Mandé bei Paris nieder.

Von Maginn (1793-1842) kann man sagen, dass er ohne Frage einer der vielseitigsten Schriftsteller seiner Zeit war. Am besten kennt man ihn vielleicht im Zusammenhang mit den *Noctes Ambrosianæ* , die erstmals in *Blackwood erschienen* und deren Idee allgemein Maginn zugeschrieben wird. Er war auch maßgeblich an der Entstehung von *Frasers beteiligt* . Maginns englische Wiedergabe von Vidocqs berühmtem Lied erschien erstmals im Juli 1829 in *Blackwood.* Für Neugierige ist das Original beigefügt. Man sieht, dass Maginn seiner Kopie sehr treu blieb.

Auf Rädern von Feld zu Feld [1]
Um zu lernen, wie man kauft, [2] Ich habe den Händler kennengelernt, [3]
Der Mann hat einen Fehler gemacht, der den Bolzen löst, [4] Der Mann hat
einen Fehler gemacht.

Ich habe den Händler kennengelernt,
der die Zapfen eins zu eins gesteckt hat. Ich bin Jaspis in Bigorne. [5]Lonfa
malura, Frau.Was machst du dann, wenn du es nicht mehr kannst? [6]Lonfa
ist dort ein Fehlschlag.

Ich habe ihn in Bigorne jaspiniert;
Warum trägst du ihn dann? Ich habe einen spitzen Zacken ohne Lanze.
[7]Ich habe den Jungen malträtiert und ihn lange geschoren. [8]Ich habe
den Jungen malträtiert.

Ich habe den Zapfen ohne Lanze
und den groben Schwamm gerieben, Eine Rose, eine Tussi, [9]Ich habe das
Mädchen vergewaltigt, Und ein Stück zum Wühlen [10]Ich habe das
Mädchen vergewaltigt.

Eine Lilie, eine Geige
und ein Stück zum Umkrempeln. Ich stecke in meine Schachtel. [11]Ich
habe das Mädchen vergewaltigt, Aus Angst vor dem Tod. [12]Ich habe das
Mädchen vergewaltigt.

Ich stecke in meine Schachtel, schaue nach dem Entschlüsseln
; Ich stecke in die Münze des Gewehrs, [13]Hat mir den Kopf verdreht,
Frau, Ein Messer, das sticht, [14]Hat mir den Kopf verdreht.

Ich habe auf die Gewehrmünze geschossen.
Ein Messer, das sticht.
Ich habe in seinen Tälern gespürt. [15] Ich habe das Mädchen vermasselt.
Sohn Carles, ich habe gespürt. [16] Ich habe das Mädchen vermasselt.

Ich tastete in seinen Tälern nach, Mein Herz
quälte mich, Mein Herz quälte mich, [17]Ich habe das Mädchen verführt,
Und seine Anhängsel, [18]Ich habe das Mädchen verführt.

Sein Carl und seine Tocquante,
Und seine Anhänglichkeit an ihn, Sein Coulant und seine Montante,
[19]Lonfa malura dondaine, Und seine Combre galuchéLonfa malura
dondé.

Er stürzte und stieg und stieg in die Höhe.
[20]Er fröstelte, auch seine Lisette. [21]Sieh zu, mein Mädchen, und seine
Tirants brodanchés. [22]Sieh zu, mein Mädchen.

Er ist zerrissen, aber seine Lisette
und seine Zähne sind zerbrochen. Schneiden, schneiden, verkaufen.
[23]Habe ein Flittchen, Frau. Automatisch übersetzt. [24]Habe ein
Flittchen, Frau.

Schneiden, schneiden, handeln,
unsere Ernsthaftigkeit ist verdorben. Auf dem Schild der
Vergnügungsstraße [25]Haben Sie ein böses Mädchen, ich habe Sie beim
Spielen erwischt, [26]Haben Sie ein böses Mädchen.

Auf dem Schild der Vergne
haben wir uns verhöhnt und gezückt, Mit all diesen Worten: [27]Lonfa
malura dondé, Und der Haken wurde wieder zusammengefügt, [28]Lonfa
malura dondé.

Von all diesen langen Worten
und dem zusammengefügten Faden. Und von diesen guten Kerlen,
[29]Lonfa hat das Mädchen verarscht, Alles ist verdorben. [30]Lonfa ist
dort ein Fehlschlag.

[1: Vergne, *Stadt.*] [2: Goupiner, *stehlen.*] [3: Mercandière, *Händlerin.*] [4: Du
pivois solisait, *verkaufte Wein.*] [5: Jaspine en bigorne, *im Singular sagen.*] [6:
Morfiller, *essen und trinken.*] [7: Chenu, *gut.* Lance, *Wasser.*] [8: Larton savonné,
Weißbrot.] [9: Lourde, *Tür.* Tournante, *Schlüssel.*] [10: Pieu, *Bett.* Roupiller,
schlafen.] [11: J'enquille, *ich trete ein.* Cambriole, *Zimmer.*] [12: Entifler, *heiraten.*
] [13: Rembroque, *sehen* . Gewehr, *schießen* .] [14: Mesisère *Mann* . Pionçait, *wie
schlafend* .] [15: Vallades, *Taschen* .] [16: Carle, *Geld* . Pessigué, *genommen* .] [17:
Tocquante, *Uhr* .] [18: Attaches de ce, *silberne Schnallen* .] [19: Coulant, *Kette* .
Montante, *Kniehose* .] [20: Combre galuché, *Spitzenhut* .] [21: Frusque, *Mantel* .
Lisette, *Weste* .] [22: Tirants brodanchés, *bestickte Strümpfe* .] [23: Fußnote:
Crompe, *weglaufen* .] [24: Béquilles, *gehängt* .] [25: Placarde de vergne, *öffentlicher
Platz* .] [26: Gambiller, *tanzen* .] [27: Allumés, *starrte an* . Largues, *Frauen* .] [28:
Trèpe, *Menschenmenge* .] [29: Charlots bons drilles, *lustige Diebe* .] [30: Aboulant,
kommen .]

Strophe XIII, Zeile 5. Cotton, der Gewöhnliche in Newgate.

Auf der Prigging-Seite

HTR, der englische Übersetzer von Vidocqs *Memoiren* (4 Bände, 1828-9), sagt
über diese und die folgenden Übersetzungen aus dem Französischen, dass
sie „mit all ihren Fehlern und Irrtümern in die Liste der Sünden des
Übersetzers aufgenommen werden müssen, der sich bei der Muse
entschuldigen würde, wenn er nur wüsste, welcher der neun Slangdichter der
Vorsitz hat." Das Original von „On the Prigging Lay" lautet wie folgt:

Ein Tag am Roten Kreuz.
Wir haben zwei gesagt (*Sie unterbrach sich mit „Wie*
im selben Moment.")Wir haben zwei gesagt.Alle berühmten Grinser, [1]Wir
warten auf den Schmerz. [2]Wir werden die Fäuste packen. [3]Um die
Milliarde zu verdienen. [4] (*bis*)

Teilen oder nicht teilen
. Alles ist gemäß unserem Gebrauch. Verteilen Sie nicht den Rest. [5] Fische
mit Adresse [6]
Messières et gonzesses [7]
Sans faire de regout. [8] (*bis*)

Von der Brücke aus
gewisses Wechselsilber. Es ist in Gold gefasst, [9]Ich stecke in so viel Gold
[10]Seine glänzenden Anhänger [11]Mit seinen Münzen. [12] (*bis*)

Wenn sich zwei Bleiklumpen kreuzen, [13]
kommen seine Stacheln zurück. [14]Auf den Teppich von Montron.
[15]Montron hat es geliebt, [16]Wenn du Lust hast, [17]und spüre es in
deinem Arsch. [18] (*bis*)

Montron drogue à sa larque, [19]
Bonnis-moi donc girofle [20]Wer sind diese Pègres-là? [21]Von den
Grinsern der Hüte, [22]von den Schnüfflern der Boutiquen, [23]Kennen Sie
dich nicht? [24] (*bis*)

Und es wird meine Schuld sein; [25]
Wenn ich dir meine Güte gebe, [26]Ich bin immer bei dir [27]Du bist das
größte Herz der Welt, ich gehe in die Tiefe [28]Um dir die Ehre zu
erweisen, (*bis*)

Mais déjà la patrarque, [29]
Au clair de la mucharde, [30]Nous reluge de loin. [31]L'aventure est
étrange,C'était l'argent-de-change,Que suivait les roussins. [32] (*bis*)

A des fois l'on rigole [33]
Ou bien l'on pavilnonne [34]Qu'on devrait lansquiner [35]Raille, griviers, et
cognes [36]Nous ont pour la cigogne [37]Tretons marrons paumés. [38] (
bis)

[1: Diebe] [2: Nacht] [3: Uhren] [4: Geld] [5: Lasst uns vorsichtig sein] [6:
Lasst uns rauben] [7: Bürger und Frau] [8: Erwecke Verdacht] [9: Rief
"Dieb."] [10: Ich nahm seine Uhr.] [11: Seine Diamantschnallen] [12: Seine
Banknoten] [13: Es schlägt zwölf.] [14: Die Diebe] [15: Am Schrank] [16:
Deine Tür] [17: Gib Geld] [18: Schlaf in deinem Haus] [19: Fragt seine Frau]
[20: Sagt mein Liebster] [21: Diese Diebe] [22: Uhrendiebe] [23: Einbrecher]
[24: Kennst du sie nicht?] [25: Hosen] [26: Profit] [27: Bereit] [28: Keller] [29:

Streife] [30: Der Mond] [31: Schau dir an uns.] [32: Spione] [33: Lachen] [34:
Witze] [35: Weinen] [36: Freigelassen, Soldaten und Gendarmen.] [37:
Justizpalast] [38: Auf frischer Tat ertappt]

Die Klage des Lag

> *Siehe* Anmerkung *vorige* , „On the Prigging Lay". Der Originaltext
> lautet wie folgt:—

Luft: *L'Heureux Pilote* .

Normale Arbeit,
Der Schmerz in Pantin, [1]Zur Haupt- und Nebensache, Sehr guter
Flickenteppich, [2]Meine Leute wackeln, [3]Verdoppelt durch die
Kamelotten, [4]Aus dem Nichts; [5]Ich lebe ohne Schande, ohne Reue, [6]
ohne Tadel und ohne Bedauern. [7]

Das ist durch Combon geschehen. [8]
Giroude mit langem Hut, [9] Soiffant mit einem Picton ohne Lanze, [10]
Nicht geschminkte Pflöcke, [11] Tirants, auf Rot gelaufen, [12] Kostenlose
Lieferung, [13] Combon mit Galuché. [14]Ich machte einen guten Job. Ein
Tag in Courtille. Ich war gerade dabei. [15]

En faisant nos gambades,
Un grand messière franc, [16]Voulant faire parade,Serre un bogue d'orient.
[17]Après la gambriade, [18]Le filant sur l'estrade, [19]D'esbrouf je
l'estourbis, [20]J'enflaque sa limace, [21]
Son bogue, ses frusques, ses passes, [22]
Je m'en fus au fourallis. [23]

Par contretemps, ma largue,
Voulant se piquer d'honneur,Craignant que je la nargueMoi que n' suis pas
taffeur, [24]Pour gonfler ses valadesEncasque dans un rade [25]Sert des
sigues a foison [26]On la crible à la grive, [27]Je m' la donne et m'esquive,
[28]Elle est pommée maron. [29]

Das Auge blickte ihn an [30] Viele
seiner Feinde. [31] Er rieb sich eine Karotte, er steigerte die Farbe. [32]L'on
vient, on me ligotte, [33]Adieu, ma cambriole,Mon beau pieu, mes dardants
[34]Je monte à la cigogne, [35]On me gerbe à la grotte, [36]Au tap und für
zwei Jahre. [37]

Aber ich werde nicht weiter in der Gironde sein,
ich werde auch weitermachen; [38]Faudra pour plaire au monde, Clinquant,
frusque, maquis. [39]Alles ist in der Schlange vorbei, [40]und was ist mit
ihr? [41]Dies ist ein f— Schlag, [42]Zwei lange Tiraden, [43]Für eine Tirade,
[44]Für einen Moment der Anziehung.

[1: Abend in Paris.] [2: Eine gute Beute.] [3: Kammer.] [4: Voller Waren.] [5: Geld in der Tasche.] [6: Ohne Angst oder Unbehagen.] [7 : Ohne Sorge.] [8: Eine Steigerung.] [9: Eine hübsche Geliebte.] [10: Wein ohne Wasser trinken.] [11: Unverfälschter Wein.] [12: Strümpfe.] [13: Spitze.] [14 : Spitzenhut.] [15: Gekleidet] [16: Bürger] [17: Eine goldene Uhr] [18: Tanzen] [19: Ihm auf dem Boulevard folgen.] [20: Ich betäube ihn.] [21: Ich nehme Sein Hemd ausziehen.] [22: Ich stehle seine Uhr, Kleidung und Schuhe.] [23: Das Empfangshaus.] [24: Feigling] [25: Betritt einen Laden.] [26: Stiehlt Geld.] [27: Sie rufe die Wache.] [28: Ich fliege] [29: Erfasst von der Tatsache.] [30: Der Kommissar befragt ihn.] [31: Denunziert seine Komplizen.] [32: Erzähle eine Unwahrheit.] [33: Sie Fesselt mich.] [34: Mein schönes Bett, meine Lieben.] [35: Der Dock.] [36: Sie verurteilen mich zur Galeere.] [37: Zur Bloßstellung.] [38: Alt.] [39: Rouge .] [40: In dieser Welt.] [41: Was auch immer die Leute sagen.] [42: Lot.] [43: Zwölf Jahre in Fesseln.] [44: Narr.]

Strophe II, Zeile 2. *So fröhlich, so verrückt und so wissend* – Siehe *Don Juan* , Canto XI, Strophe …

Strophe VI, Zeile i. Sir Richard Birnie, der oberste Richter in Bow St.

„Nix My Doll, Pals, Fake Away"

Ainsworth macht in seinem Vorwort zu *Rookwood* folgende Bemerkungen zu diesem und den drei folgenden Liedern: „Da ich beiläufig auf das Flash-Lied von Jerry Juniper angespielt habe, darf ich mir einige Bemerkungen zu diesem Zweig der Verskunst erlauben. Es ist etwas merkwürdig, dass bei einem Dialekt, der so rassig, idiomatisch und plastisch ist wie unser eigener Jargon, seine metrischen Fähigkeiten so wenig auf die Probe gestellt wurden. Die Franzosen haben zahlreiche *Chansons d'argot* , die von der Zeit Charles Bourdignés und Villons bis zu der von Vidocq und Victor Hugo reichen, von denen letzterer die Schrecken seines , *Dernier Jour d'un Condamne* ' durch ein festliches Lied dieser Art belebt hat. Die Spanier besitzen eine große Sammlung von *Romances de Germania* verschiedener Autoren, unter denen Quevedo einen herausragenden Platz einnimmt. Wir hingegen haben kaum Slang-Lieder von Wert. Diese Unfruchtbarkeit ist nicht der Armut des Bodens zuzuschreiben, sondern dem Mangel an angemessener Kultivierung. Materialien sind in Hülle und Fülle vorhanden, aber es gab nur wenige Akteure. Dekker, Beaumont und Fletcher sowie Ben Jonson haben sich alle ausführlich mit diesem Jargon befasst, aber nicht lyrisch; und eines der frühesten und besten Beispiele eines Singliedes findet sich in Bromes „ *Jovial Crew* "; und in den „ *Adventures of Bamfylde Moore Carew* " gibt es eine einsame Ode, die die Bettelbrüderschaft an ihren neugewählten Monarchen richtet; aber sie ist wenig humorvoll und kann kaum als echtes Singlied bezeichnet werden. Diese Ode führt uns in unsere eigene Zeit zurück; zu den Ergüssen des berühmten Pierce Egan; zu Tom Moores „Flights of *Fancy*"; zu John Jacksons berühmtem Gesang „ *On the High Toby Spice flash the Muzzle*", der von Lord Byron in einer Anmerkung zu „ *Don Juan* " zitiert wird; und zu der herrlichen irischen Ballade, die alle zusammen wert ist, mit dem Titel „ *The Night before Larry was stretched* ". Dies wird dem verstorbenen Dean Burrowes aus Cork zugeschrieben. [*Siehe* Anmerkung, S. 220 *Ed* .] Es ist bemerkenswert, dass fast alle modernen Anwärter auf die Gnade des *Musa Pedestris* Iren sind. Von allen Reimdichtern der „ *Road* " hat jedoch Dean Burrowes bisher den Lorbeer am meisten verdient. Larry ist ein echter „Knaller"!

"Ich wage zu behaupten, dass ich mit der hier betrachteten bedeutungsvollen Sprache mehr erreicht habe als meine Vorgänger oder Zeitgenossen. Ich habe *ein rein schwungvolles Lied geschrieben* , dessen großer und besonderer Verdienst darin besteht, dass es für den Laien völlig unverständlich ist, während seine Bedeutung *für* den geübten Romanes- oder Pedler-Französisch-Papst vollkommen klar und verständlich sein muss . *Darüber* hinaus war ich der Erste, der ein Maß eingeführt und unter uns eingebürgert hat, das zwar in der argotischen Minnesängerkunst Frankreichs recht verbreitet ist, unserer Alltagspoesie jedoch bisher völlig unbekannt war . " Wie sehr sich Ainsworth mit seiner so zweideutig bevorzugten Behauptung irrte, zeigt der vorliegende Band. Einige Jahre später erlangte das erwähnte Lied, das besser unter dem Titel " *Nix my dolly, pals,—fake away!*" bekannt ist, außerordentliche Popularität, nachdem es von Rodwell vertont und vom großartigen Paul Bedford und der klugen kleinen Mrs. Keeley gesungen wurde.

Das Spiel des High Toby

Und

Das doppelte Kreuz

Siehe Hinweis zu „Nix my Doll, Pals, etc." *ante* .

Das Lied des Einbrechers

GWM Reynolds folgte Dickens dicht auf den Fersen, als dieser mit *Die Pickwickier seinen großen Erfolg feierte* . Er war ein äußerst umfangreicher Schreiberling, doch keines seiner Werke ist von hohem literarischen Wert.

Der falsche Junge für den Mist ist weg

Der verrückte Blowen

Der neue Toast des Fakers

Und

Meine Mutter

"Bon Gualtier" war das gemeinsame *Pseudonym* von WE Aytoun und Sir Theodore Martin. Zwischen 1840 und 1844 arbeiteten sie zusammen an der Produktion der *Bon Gualtier Ballads* , die so große Popularität erlangten, dass zwischen 1855 und 1877 dreizehn große Ausgaben davon in Auftrag gegeben wurden. Sie waren zu dieser Zeit auch beim Schreiben vieler Prosa-Zeitschriftenartikel humoristischen Charakters sowie einer Reihe von Übersetzungen von Goethes Balladen und kleineren Gedichten beteiligt, die nach ihrer Veröffentlichung in *Blackwood's Magazine* einige Jahre später (1858) gesammelt und in einem Band veröffentlicht wurden. Die vier oben genannten Stücke erschienen wie angegeben in *Tails Edinburgh Magazine* unter dem Titel "Flowers of Hemp, or the Newgate Garland" und sind Parodien bekannter Lieder.

Der Spaß des High Pad

Und

Der Dashy, Splashy…. Kleiner Stringer

Leman Rede (1802-47) war Autor zahlreicher erfolgreicher dramatischer Stücke und Autor der damaligen Wochen- und Monatszeitschriften, hauptsächlich des *New Monthly* und *Bentley's* . Er wurde in Hamburg geboren, sein Vater war Rechtsanwalt.

Einige der besten Rollen, die Liston, John Reeve, Charles Mathews, Keeley und G. Wild jemals gespielt haben, stammen aus seiner Feder.

Der Bould Yeoman

Der Bridle-Cull und seine kleine Pop-Gun

Jack Flashman

Miss Dolly Trull

Und

Der Nebeneffekt des Kruges

Siehe Anmerkung zu „Sonnets for The Fancy" S. 225. Captain Macheath war eine von Egans letzten und keineswegs eine seiner besten Produktionen. Es ist mittlerweile sehr selten.

Der Ball des Schmarotzers

John Labern, ein einst populärer, heute jedoch vergessener Varieté-Künstler und Liedermacher, veröffentlichte mehrere Sammlungen der damaligen Lieder. Aus einer dieser Sammlungen stammt auch „The Cadger's Ball".

"Lieber Bill, dieser Steinkrug"

Der in diesem Gedicht beschriebene Zustand gehört glücklicherweise der Vergangenheit an. Newgate existiert als Gefängnis fast nicht mehr. Erst wenn die Gerichte tagen, wird es wieder in Betrieb genommen, und dann herrscht ein ständiges Kommen und Gehen zwischen dem alten Stadtgefängnis und dem heutigen echten Londoner Gefängnis, Holloway Castle.

Der Leary-Mann

Die Vulgärsprache von Ducarge Anglicus hat als Glossar keinerlei Bedeutung; Das Einzige, was nicht aus Brandons „ *Poverty, Mendicity, and Crime"* geklaut *wurde* , ist dieses Lied. Woher das kam, weiß der Abgeordnete nicht.

Hundert Strecken von hier

Das Rogue's Lexicon , das hauptsächlich aus Groses *Dictionary of the Vulgar Tongue abgedruckt ist* , ist für Philologen und Studenten aufgrund der vielen merkwürdigen Überbleibsel und seltsamen Bedeutungsschattierungen in Slangwörtern und Umgangssprachen nach der Verpflanzung in die Staaten von dauerhaftem Interesse und Wert. GW Matsell war eine Zeit lang Chef der New Yorker Polizei.

Die Chickaleary Cove

Vance, ein Music-Hall-Sänger und Komponist der 60er Jahre, hatte seinen ersten großen Hit mit *Jolly Dogs oder Slap-bang! here we are again* . Darauf folgte *The Chickaleary Cove* : auf seine Art ein Klassiker.

'Arry bei einem politischen Picknick

Die „Arry Ballads" sind im Gedächtnis der Öffentlichkeit zu frisch, als dass man sie ausführlich zitieren müsste. Das angeführte Beispiel ist ein guter Ausschnitt aus der Serie, die insgesamt sehr geschickt die Eigenheiten und Schwächen der Londoner Rowdys auf den Punkt bringt.

Strophe VIII, Zeile 4. *Walker* = Geh!

„Rumbuchten, die uns Erleichterung verschaffen"

Heinrich Baumann, der Autor von *„Londonism"en* , einem englisch-deutschen Glossar der Umgangssprache und des Slangs, dessen Vorwort „Rum Coves that Relieve us" bildet.

Villons gute Nacht

Villons gerade Spitze

Und

Kultur in den Slums

William Ernest Henley, Dichter, Kritiker, Dramatiker und Herausgeber, wurde 1849 in Gloucester geboren und in derselben Stadt ausgebildet. In seinen frühen Jahren (so heißt es in „ *Men of the Time* ") litt er stark unter schlechter Gesundheit, und der erste Abschnitt seines *Buches der Verse* (1888: 4. Aufl. 1893), „ *In Hospital: Rhymes and Rhythms* ", war eine Aufzeichnung seiner Erfahrungen in das Old Infirmary, Edinburgh, 1873–1875. 1875 begann er für die Londoner Zeitschriften zu schreiben und war 1877 einer der Gründer und Herausgeber von *London* . In diesem Tagebuch erschienen viele seiner frühen Verse. Danach wurde er zum Herausgeber des *Magazine of Art* und 1889 von *The Scots* und später *von The National Observer ernannt* . Zu diesen Zeitschriften sowie zu *The Athenaeum* und *Saturday Review* hat er viele kritische Artikel beigetragen, von denen eine Auswahl 1890 unter dem Titel *Views and Reviews veröffentlicht wurde* . In Zusammenarbeit mit Robert Louis Stevenson hat er einen Band mit Theaterstücken veröffentlicht, von denen eines, *Beau Austin* , 1892 im Haymarket Theatre aufgeführt wurde. Sein zweiter Versband – *The Song of the Sword* – markiert einen neuen stilistischen Aufbruch. Er hat eine schöne Verssammlung, *Lyra Heroica* , und zusammen mit Herrn Charles Whibley eine Anthologie englischer Prosa herausgegeben. Im Jahr 1893 erhielt Herr Henley die Ehre eines LLD-Abschlusses der St. Andrew's University. Derzeit gibt er auch *The New Review* , eine Reihe von *Tudor-Übersetzungen* , einen neuen *Byron* und einen neuen *Burns* heraus und arbeitet mit Herrn JS Farmer an *Slang and its Analogues zusammen* . ein historisches Slang-Wörterbuch.

" *Villon's Straight Tip* : Strophe I, Zeile I. *Screeve* = Bettelbriefe bereitstellen (oder damit arbeiten). Zeile 2. *Fake the broads* = packen die Karten. *Fig a nag* = Coper mit einem alten Pferd und einer Feige Ingwer spielen . Zeile 3. *Knipsen* = eine Uhr stehlen. Zeile 4. *Einen Lappen werfen* = *einen* falschen Schein wechseln . Zeile 5. *Nase* verkaufen = Scheinschmuggel einsammeln Polizei. Zeile 6. *Holen Sie sich* das Büro und holen Sie sich einen Gewinner. Zeile 8. *Alkohol und die Blowens-Polizei: vgl* . „'Tis to taverns and zu Mädels." (A. Lang).

Strophe II, Zeile 1. *Fiddle* = Schwindel. *Fence* = mit gestohlener Ware handeln. *Mace* = Waliser. *Mack* = Zuhälter. Zeile 2. *Moskeneer* = für mehr verpfänden, als das Pfand wert ist. *Flash the drag* = Frauenkleider zu einem ungehörigen Zweck tragen. Zeile 3. *Dead-lurk a crib* = während der Kirchenzeit einbrechen. *Do a crack* – gewaltsam einbrechen. Zeile 4. *Pad mit Slang* = Landstreicher mit Show. Zeile 5. *Mump and gag* = betteln und reden. Zeile 6. *Tats* = Würfel. *Spot* (beim Billard). Zeile 7. *Stag* = Schilling.

Strophe III, Zeile 2. *Zeig deine Flagge* = trag deine Schürze. Zeile 4. *Mug* = schneide Grimassen. Zeile 5. *Nix* = nichts. Zeile 6. *Graft* = Handel. Zeile 7. *Goblins* = Herrscher. *Stravag* = in die Irre gehen.

Die Moral. Liner. /i>Up the spout and Charley Wag_ = Ausdrücke der Zerstreuung. Zeile 2. *Wipes* = Taschentücher. *Tickers* = Uhren. Zeile 3. *Squeezer* = Halfter. *Scrag* = Hals.

"Tottie"

Eine Plank-Bed-Ballade

Und

Das Rondeau des Klopfens

GR Sims („Dagonet") bedarf für heutige Leser kaum einer Einführung. Er wurde 1847 in London geboren und am Harwell College und anschließend in Bonn ausgebildet. Nach dem Tod von Tom Hood dem Jüngeren im Jahr 1874 trat er dem Stab von *Fun und* im selben Jahr *von The Weekly Despatch bei.* Seit 1877 schreibt er unter dem Pseudonym „Dagonet" für *The Referee* . M. Sims, ein umfangreicher Autor, Dramatiker, Dichter und Romanautor, zeigt noch immer keinen Nachlass seiner Vielseitigkeit und Kraft.

Was Cher!

Unser kleiner Nipper

Und

Die Serenade des Coster

Albert Chevalier, ein „Coster Poet", Varieté-Künstler und Musiker französischer Herkunft, wurde in Hammersmith geboren. Er ist ein sorgfältiger, kompetenter Schauspieler kleinerer Rollen und singt seine eigenen kleinen Lieder außerordentlich gut.

ANHANG

Es gibt noch ein oder zwei „Waisen und Streuner", die erwähnt werden müssen:

ICH.

In *Don Juan* , Gesang XI, Strophen xvii–xix, beschreibt Byron eine seiner *Dramatis personæ folgendermaßen* .

Der arme Tom war einst ein Kind in der Stadt,
ein richtiges Biest und ein richtiger Tollpatsch … Voller Pomp, alles nur Scheiße, bis er gehörig belästigt wurde. Zuerst waren seine Taschen und dann sein Körper durchlöchert.

* * * * *

Er hatte einen großen Mann aus der Welt verbannt,
der zu seiner Zeit heroische Geschäfte gemacht hatte. Wer konnte in einer Reihe wie Tom die Führung übernehmen, beim Alkohol im Ken oder im Spellken-Trubel? Wer hat eine Wohnung vermasselt? Wer (trotz des Verbots in Bow Street) ließ auf dem High-Toby-Splice so die Schnauze aufblitzen? Wer aus Spaß mit dem schwarzäugigen Sal (sein Blasen) so erstklassig, so toll, so verrückt und so wissend?

In einer Anmerkung sagt Byron: „Der Fortschritt der Wissenschaft und der Sprache hat es unnötig gemacht, das oben genannte gute und wahre Englisch zu übersetzen, das in seiner ursprünglichen Reinheit von den Auserwählten und ihren Gönnern gesprochen wird. Das Folgende ist die Strophe eines Liedes, das zumindest in meinen frühen Tagen sehr beliebt war: -"

(„Sollte es einen Deutschen geben, der so unwissend ist, dass er eine Übersetzung benötigt, verweise ich ihn an meinen alten Freund und leiblichen Seelsorger und Meister John Jackson, Esq., Professor für Faustkampf.")

Auf dem hohen Toby-Splice blitzt die Schnauze auf,
trotz jedes Galgens, alter Späher. Wenn du am Zauberspruch nicht drängen kannst, wirst du daran gehindert, einen Schlag zu machen. Dann wird dein Blasen hochmütig werden, wenn sie von deinem schuppigen Fehler hört
Für die Vierzig werde ich bestimmt zum Verräter werden – Dass ihr Jack normalgewichtig sein kann.

John Jackson, dem das umgangssprachliche Lied zugeschrieben wird, von dem die vorstehende Strophe ein Fragment ist, war der Sohn eines Londoner Baumeisters. Er wurde am 28. September 1769 in London geboren und war, obwohl er nur dreimal kämpfte, von 1795 bis 1803, als er in den Ruhestand ging, englischer Meister und wurde von Belcher abgelöst. Nachdem er den

Preisring verlassen hatte, gründete Jackson eine Schule in der Bond Street Nr. 13, wo er Unterricht in der Kunst der Selbstverteidigung erteilte und größtenteils vom Adel der damaligen Zeit gefördert wurde. Bei der Krönung Georgs IV. wurde er zusammen mit achtzehn anderen als Pagen verkleideten Preiskämpfern eingesetzt, um den Eingang zur Westminster Abbey und Hall zu bewachen. Der Inschrift auf einem Mezzotinto-Stich von C. Turner zufolge scheint er später Vermieter des Sun and Punchbowl, Holborn, und des Cock at Button gewesen zu sein. Er starb am 7. Oktober 1845 in seinem siebenundsiebzigsten Lebensjahr in der Lower Grosvenor Street West Nr. 4 in London und wurde auf dem Brompton Cemetery beigesetzt, wo zu seinem Andenken ein kolossales Denkmal errichtet wurde. Byron, einer seiner Schüler, hatte große Achtung vor ihm und ging oft mit ihm in der Öffentlichkeit spazieren und fahren. Es wird berichtet, dass, während der Dichter in Cambridge war, sein Lehrer ihm Vorwürfe machte, weil er in Gesellschaft gesehen wurde, die seinem Rang so weit unterlegen war, und dass er antwortete, dass „Jacksons Manieren denen der College-Kollegen, die ich treffe, unendlich überlegen waren." am ‚hohen Tisch'" (JW Clark, Cambridge, 1890, S. 140). In seinen Notizen zu seinen Gedichten (Byron, *Poetical Works*, 1885-6, ii. 144, vi. 427) sowie in seinen „Hints from Horace" (ib. ich. 503):

Und Männer, die keine Erfahrung im Schlagabtausch haben,
müssen nach Jackson, bevor sie sich ans Boxen wagen.

Moore, der Jackson im Dezember 1818 zu einem Preiskampf begleitete, vermerkt in seinem Tagebuch, dass Jacksons Haus „ein sehr gepflegtes Etablissement für einen Boxer" war und dass der Respekt, der ihm überall entgegengebracht wurde, „höchst komisch" war (*Memoirs* , II. 233). Ein Porträt von Jackson, das auf einem Originalgemälde basiert, das sich damals im Besitz von Sir Henry Smythe, Bart., befand, findet sich im ersten Band von Miles' „Pugilistica" (siehe Seite 89). Es gibt zwei Schabkunststiche von C. Turner.

II.

IN Boucicaults *Janet Pride* (Wiederaufnahme durch Charles Warner im Adelphi Theatre, London Anfang der 80er Jahre) wurde Folgendes gesungen (hier aus dem Gedächtnis wiedergegeben):

Das Lied des Sträflings.

DER ABSCHIED.
Abschied vom schönen alten England! Abschied auch von meinen alten Kumpels! Abschied vom berühmten Old Ba-i-ly (*Whistle*).
Wo ich früher so toll gesungen habe, Ri-chooral, Ri-chooral, Oh!!!

DER [WERDHICK?]
Die vielen Jahre diene ich schon, und viele Jahre muss ich bleiben,
nur weil ich einen Kerl in unserer Gasse verprügelt habe
(*Pfeife*).
Und ihm seine Huxters weggenommen habe!

DIE BESCHWERDE.
Da ist der Kapitän, der unser Kommandant ist, da ist der Bootsmann und
die ganze Schiffsbesatzung, da sind die Verheirateten und die Ledigen (
Pfeife).
Weiß, was wir armen Sträflinge durchmachen.

DAS [LEIDEN?]
Es liegt nicht daran, dass sie uns nicht genug zu essen geben. Es liegt nicht
daran, dass sie uns nicht genug Essen geben. Es liegt daran, dass wir alle
leichtfüßige Adlige sind (*Pfeife*).
Geht mit einem Baumstamm auf unseren Zehen herum.

DAS GEBET.
Oh, hätte ich die Flügel einer Turteltaube, würde ich über den weiten
Ozean fliegen, direkt in die Arme meiner politischen Liebe (*Pfeife*).
Und auf ihrem weichen Busen würde ich liegen!

DER MORRELL.
Nun, ihr jungen Grafen und Herzoginnen, seid gewarnt, was ich zu sagen
habe, und achtet auf alles, was ihr selbst berührt, (*Pfeife*).
Oder Sie kommen zu uns nach Botinny Bay! Oh!!! Ri-chooral, ri-chooral, ri-
addiday, Ri-chooral, ri-chooral, iday.